鸣　谢

广西隆华桂投资有限公司	董事长	谢隆当
广西华泰药业有限公司	董事长	廉永铭
广西都城投资集团	董事长	韦京航
广西捷斯工贸公司	董事长	王振雄
湖南国建置业发展公司	董事长	周祖霖
兴业银行桂林分行	行　长	黄渝翔
桂林客家商会	会　长	宋瑞昆
桂林西麦集团	董事长	谢庆奎
桂林兴韵投资公司	董事长	王怡财
桂林东方舟文化传播有限公司	董事长	东方舟
桂林金盛客运有限公司	董事长	李伟文
桂林真龙福福汽车销售有限公司	董事长	谢庆均
桂林顺昌食品公司	董事长	陈应寿
桂林王城旅游开发公司	董事长	戴东升
桂林飞龙建筑工程公司	董事长	林　海
桂林真诚摩托车公司	董事长	吴洪密
桂林俊鑫摩托车公司	董事长	叶昌俊
桂林三建六分公司	董事长	谢振安
桂林临桂宏润贸易公司	董事长	欧毓深
贺州鸿达灯饰五金批发城	董事长	吴洪孟
桂林临桂建设工程有限责任公司	董事长	周　彪
桂林信强混凝土有限公司	董事长	梁建坤

客家风情文化丛书

Guilin Kejia

桂林客家

王建周 主编

GUANGXI NORMAL UNIVERSITY PRESS
广西师范大学出版社
·桂林·

图书在版编目（CIP）数据

桂林客家 / 王建周主编. —桂林：广西师范大学
出版社，2011.11
　（客家风情文化丛书）
　ISBN 978-7-5495-0924-9

　Ⅰ．桂… 　Ⅱ．①王… 　Ⅲ．①客家—民族历史—
桂林市②客家—民族文化—桂林市　Ⅳ．K281.1

　中国版本图书馆 CIP 数据核字（2011）第 226905 号

广西师范大学出版社出版发行
（广西桂林市中华路 22 号　邮政编码：541001
　网址：http://www.bbtpress.com）
出版人：何林夏
全国新华书店经销
广西民族印刷厂印刷
(广西南宁市高新区高新三路 1 号　邮政编码：530007)
开本：787 mm × 1 092 mm　1/16
印张：12.75　字数：180 千字
2011 年 11 月第 1 版　　2011 年 11 月第 1 次印刷
定价：70.00 元

如发现印装质量问题，影响阅读，请与印刷厂联系调换。

总 序

　　汉族中的客家民系或曰客家族群，发祥于我国中原大地。由于政治、军事、经济等原因，早从秦汉时起，他们的先人就从中原不断往南迁徙，定居和繁衍于南方各个省区。进入近代以后，锁国封关的局面被打破，客家人本其勇于开拓进取、能够吃苦耐劳的精神，漂洋过海、出国谋生者也不少。他们在艰苦的创业过程中，也为居住的省（区）或国家的社会发展作出了自己的贡献。

　　从19世纪40年代起，由于清王朝的腐败和外国资本主义列强的入侵，国权丧失、民族阽危。国难当头，客家儿女又本其热爱祖国、不畏强暴的精神，和全国人民一道，奋起开展反对封建压迫、抵抗外国侵略的斗争，在维护民族尊严、争取国家独立、探索国家富强的道路中作出了重大贡献，受到中外人士的瞩目和赞许。因此，在19世纪末，一些有识之士开始关注客家问题，到20世纪20年代及其以后的几十年间，在以罗香林为代表的中外学者的共同努力下，开展了客家历史文化的研究，取得了丰硕的成果。20世纪80年代开始，随着国家的改革开放，在大陆各个客家省（区），客家联谊社团组织、客家研究机构的建立，以及世界客属恳亲活动的开展等，使客家历史文化的研究取得了长足的进步。

　　广西师范大学客家文化研究所成立于2004年6月，得到了广西师范大学出版社的赞助。它的宗旨是：加强和海内外客家乡亲以及从事客家研究同道们的联系，为弘扬客家历史文化、增进各族和各国人民的团结、促进祖国建设大业尽心尽力。为此，我们在做好客属日常联谊工作的同时，将在中外学者已有研究成果的基础上，分别以地域、人物和客家历史文化的个案研究为主，组织编写并出版客家研究系列丛书。

　　一是"客家区域文化"丛书。它以国内几个客家大省（区）和客家移民较多的国家为基点，以一省（区）一书、一国一书的形式，分别研究该地客家人的历史和现状，他们与周邻居民的交往、发展、变化以及相互认同，等等。通过区域"客情"的调查研究，为了解全国以至世界"客情"创造条件，从而使我们对客家民系的全貌得到比较真实和全面的认识。

二是"客家著名人物"丛书。在历史上，特别是在当代，涌现出不少在政治、经济、军事、外交、文化、教育、科学技术等领域的著名客家人物，他们或在反帝反封的民族民主革命时期，或在社会主义革命和建设以及国际交往中，以自己的聪明才智乃至宝贵的生命，为祖国的独立富强、人类社会的发展进步作出了卓越的贡献。研究并为他们分别立传，目的是为后来者树立榜样，奋发向前。

三是"客家文化综论"丛书。客家历史文化的许多重大问题，学界已经作过不少研究。但是，当代社会正处于全面变革的进程中，古今中外各种文化的相互交流日益频繁，彼此吸纳无所不在，因此，我们对客家的研究也必须与时俱进，以文献资料与社会调查相结合，以理论创新与研究方法创新相结合，综论客家文化的重大问题，既看到民族传统文化的根本，又理出客家人在不同时期、不同地区在对外交往中出现的新事物，使我们的研究在学习前人的基础上更进一步。

四是"客家风情文化"丛书。以客家聚居的市、县、乡镇，乃至村落为基点，将该地区客家人的由来、变迁发展、经济生产、民居建筑、社会习俗、宗教信仰、民间文艺、著名人物等，以图文并茂的形式，全面展示各客家聚居区的亮丽风采，力求做到雅俗共赏，使之成为各地客家宣传自己，以及对外交往的"地方名片"。既能满足各地客家经济文化发展的现实需求，也使学术研究更好地发挥为社会服务的作用。

四套丛书[1]，归宗于"客家研究"一个大课题。我们希望，在已有研究的基础上，进一步发掘客家文化资源，拓宽研究视野，深入问题探索；立论"持之有故，言之成理"，努力写出课题新意，使研究成果具有自己的特色。我们深信，有广西师范大学领导的关怀和指导，有海内外客家乡亲和我校出版社的鼎力支持，通过各方同道的共同努力，坚持"百花齐放，百家争鸣"的方针，不断开展交流和讨论，就可以逐步取得对问题的真实理解，使我们的研究成果具有较高的学术价值和较好的现实意义。

我们的工作正在起步。瞻望未来，任重道远。我们将努力以赴，做好工作。谨以至诚，祈求方家和读者朋友们的及时批评和指导。

"客家研究"丛书

总主编　钟文典

2004年10月28日

---

[1]客家研究系列丛书，最初推出时只有前三项。第四项即"客家风情文化"系列丛书，在2009年初才计划推出，丛书名称也是钟文典先生在世时拟定的，本质上是区域文化系列丛书的补充。该段文字为本系列丛书出版时新增。特此说明。广西师范大学客家研究院

目录

桂林客家新境界

彭会资

　　美哉桂林，凭五岭而高挺领先。湘漓秀水，靠灵渠而紧密相连。湘桂走廊，北通湘江、长江，跨黄河，可望中原之辽阔，文明之先进高张；南通漓江、珠江，或转西江，下南流江，都可入中国南海，看水天相接、珍奇宝贝，无限风光。

　　秦开五岭，汉通海洋，海上丝绸之路，始于北海港。唐宋之际，桂林崛起，集政治、军事、经济、商贸、文化于一城，巍然为大西南之都会，繁华一时。古人云："左控荆衡，右走瓯越，湘漓之间，为一都会"（宋郭见义《修城记》）；又云："五筦之地，桂为大，被山带江，控制数千里，西道通于交趾大理之区，南浮琼崖尽岛夷之国"（宋唐弼安《远桥记》）。由此可知，客家先人由中原南迁，一部分先到桂林都会，再到各地，乃至走向南海北部湾畔，从而漂洋过海走全球。可以说，桂林是广西客家文化国际通道的起点之一。赣闽粤的客家人，可沿珠江、西江而上，迁入桂东南，走向北部湾，亦可借此国际通道而走南闯北，驰骋天下。

　　辛亥革命，恰好百年。百年之间，遥接虎门销烟、金田起义，近连井冈山星火、延安灯塔，桂林风云际会，革新思潮滚滚。革命者的冲天豪情、开天辟地的勇气，与桂林风骨神韵融合一体，铸成文明之师、威武之师、英雄之师，迎来了中华人民共和国的成立，铺就锦绣前程。

　　翻身解放民做主，只见公仆不见官。敢于驾驭全球化，改革开放走得欢。听，孙中山踏遍全球的回响：振兴中华。看，客家研究院同仁踏着前人足印：擂鼓摇旗。太平天国史学专家钟文典，成了国际客家学研究团队的举旗人；学术资源与出版资源整合者王建周院长，成了客家文化全球性研究策划人。钟老仙逝，王院长兼举大旗，率众前行，联系全球客属乡亲，团结奋进。四套丛书出版，四海共见中华心，五洲流淌客家情，勃勃然，天地生辉。

桂林山水甲天下，世人向往大桂林。"客家热"升温全世界，桂林编织文化纽带，众手忙，步不停。"泱泱华夏，行走千年总称客；煌煌寰宇，客居异邦是为家。"（张胜友《石壁记》）好桂林，中原文明与百越文明、中华文明与西方文明，互相冲撞融合而出彩。唯愿再接再厉，文明进步，共建和谐世界，幸福太平。

第一章

客从何处来：桂林客家源流与分布

桂林位于广西东北部，它北和东北与湖南省相邻，西连柳州市，西南为来宾市的金秀瑶族自治县，南和东南分别与梧州、贺州市相接。桂林以山水甲天下闻名于世，目前全市辖秀峰、叠彩、七星、象山、雁山5区及临桂、阳朔、灵川、全州、兴安、灌阳、资源、龙胜、永福、荔浦、平乐、恭城12县。

早在三万年前，就有人类在这块山清水秀的土地上生息繁衍。先秦时期，桂

↓漓江九马画山（彭强民 摄）

↑阳朔兴坪佳境（彭强民 摄）

林为百越地。秦始皇三十三年（前214），秦王朝统一岭南，设桂林、南海、象
三郡，今桂林地方属桂林郡。秦末汉初，今桂林地属南越国。西汉武帝元鼎五年
（前112）平定南越，乃于元鼎六年（前111）在今桂林地设始安县，隶属荆州零陵
郡，治所在今桂林市区，辖今临桂、阳朔、灵川、永福等县地，是为今桂林地方
建制之始。三国吴甘露元年（265），析零陵郡南部地建始安郡，隶属荆州，郡治
始安县，辖始安、阳朔、荔浦、平乐等8县地。始安郡成了湖、广之间，岭西一隅
的政治、军事要地。南朝梁武帝时（602～648），于始安郡分郁林、苍梧部分地设
桂州，为今桂林称"桂"之始。隋大业三年（607），废桂州，复称始安郡，领始
安、荔浦、平乐、阳朔、恭城、龙城、马平、富川等16县，治所始安县。宋至道三
年（997），以岭南地分置广南东路和广南西路。广南西路简称广西路，治所在桂
州。南宋绍兴三年（1133），改桂州为静江府。元至元十五年（1278），改静江府
为静江路。明洪武元年（1368），改静江路为静江府。洪武五年（1372），静江府
更名桂林府，府治临桂县，领临桂、灵川、兴安、理定、阳朔、荔浦、修仁、义
宁、永福及古化等县，桂林亦从此正式定名。洪武二十七年（1394），原属湖广

永州府之全州、灌阳县划归桂林府。弘治五年（1492），荔浦、修仁二县改隶平乐府。清沿明制，桂林府治所及所领州县不变。桂林为广西巡抚衙门驻地。民国二年（1913），撤府改行道制，并改临桂县为桂林县。桂林为漓江道治所。后改漓江道为桂林道，辖临桂、全县、中渡、平乐、贺县、富川、永福、永安等19县。民国十六年（1927），增辖钟山、榴江两县。民国十九年（1930），改行民团区制，桂林民团区辖桂林、灵川、义宁和古化十县。民国二十三年（1934），改民团区为行政监督区。桂林行政监督区治所不变，辖县增设资源县，古化县更名百寿县。民国二十九年（1940），改设桂林市，为广西省第一个直辖市。1949年11月22日，桂林解放。1998年11月8目，桂林地区和桂林市合并，建立含秀峰、叠彩、象山、七星和雁山5区，临桂、阳朔、灵川、全州、兴安、灌阳、恭城、平乐、荔浦、龙胜、资源和永福等12县的大桂林市。

↓桂林市标志象鼻山（梁苹 摄）

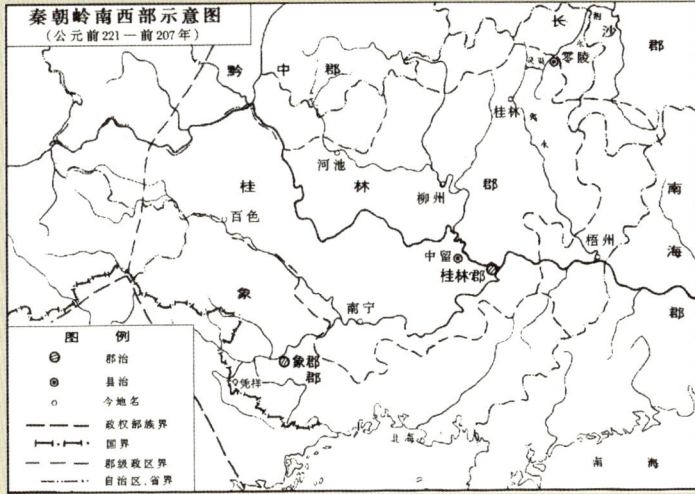

↑《秦朝岭南西部示意图》（资料来源：钟文典主编：《广西通史（第一
　卷）》，南宁：广西人民出版社，1999）

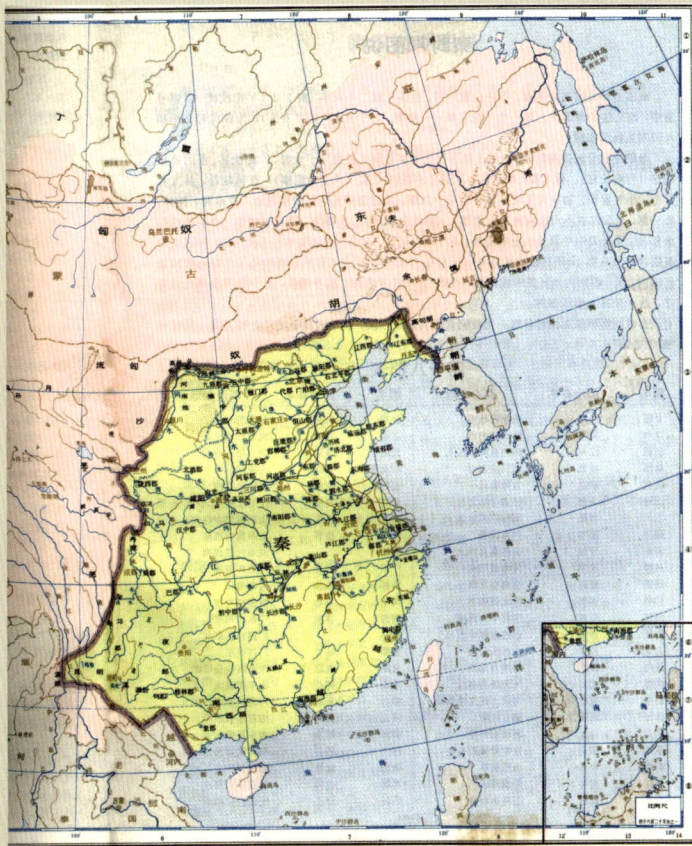

↑《朝岭南三郡图画》（资料来源：谭其骧主编：《简明中国历史地图
　集》，中国地图出版社，1985）

　　桂林位于都庞、越城二岭南口，居沟通南北要冲。清人顾祖禹在《读史方舆纪要》提到，桂林"奠五岭之南，联两粤之交，屏蔽荆衡，镇慑交海，枕山带江，控制数千里，诚两省之会府，用兵遣将之枢机也"。足见桂林地理位置的重要。五岭之西，有湘桂古道直通南北，古道相依，则有漓水自北南流。今桂林地处古道之南、漓水中段，为北出衡湘、南通交广的首要之区。湘桂古道之东，有潇贺古道与茶江（恭城河）、贺江相连。茶江流向东南，至平乐与漓水交汇，为桂林东出湘南、粤北而通江西、福建诸省，南下苍梧而出海洋的水陆通道。自灵渠和桂柳运河开通，直至清末民初，桂林一直是广西北部交通便利的地区，吸引着众多南来北往的行人。

　　迁入桂林的客家人，主要来自广东、福建，也有少数从江西、湖南迁来。他们最早迁入桂林的时间可以溯至宋元时期。

　　刘介所撰《广西通志稿·社会编·氏族》载："桂林自宋为省、道治，五方杂处，冠盖云集，多自中州。以故科名之盛，文化之优，全省郡邑，莫与仑比。盖北来仕宦，率抵桂垣，声教首暨，势固然也。"

　　灵川大圩毛村《黄氏族谱》载：今我祖由黄冬进而来。原籍广东省广州府三水县人氏。因在宋朝初年兵伐不测，自往广西桂林临桂县东乡富家庄马山胆，居于网山之下。只因世乱兵伐，逃至茅菵洲居住。所生二子，分住平乐府恭城县白洋江山背，土名黄瑶河。次子随父，后生子在茅菵州，后改名毛村，捕鱼为业。子祠森森，分作四房，自始至今。

　　宋代，时任桂林通判的周去非在其著作《岭外代答》中记有"客家话"作为广西方言之一的记载，说明客家人在唐宋以来已迁入桂，桂东北地区已有一定的分布。

　　元代，广东兴宁人刘贵魁元初在桂林任镇抚使，卸任后即定居桂林，其另支族人则迁居梧州路苍梧县。另有福建汀州府宁化县刘衍任平乐府知事，后亦定居平乐许湾乡。元代中叶，即有进士邹德宏之子孙从广东长乐县（今五华县）迁居广西平乐。

　　明清时期，是客家人迁入广西的重要时期。交通便利、经济条件相对较好的桂东北即成为入桂客家人的首选地。他们或沿西江水路桂江支流而上，或沿陆路经湘桂古道或恭城龙虎关而迁居桂林地区。

　　据桂林南边山《曾氏重修族谱》载：明万历十八年（1590），曾氏迁广西桂林六塘开基立业，而其后人曾兴贤则从六塘深入阳朔金宝山区落户。

　　明代平乐府平乐沙江乡廖氏之族来自江西。而协和乡以陈、李、黄、何、吴、

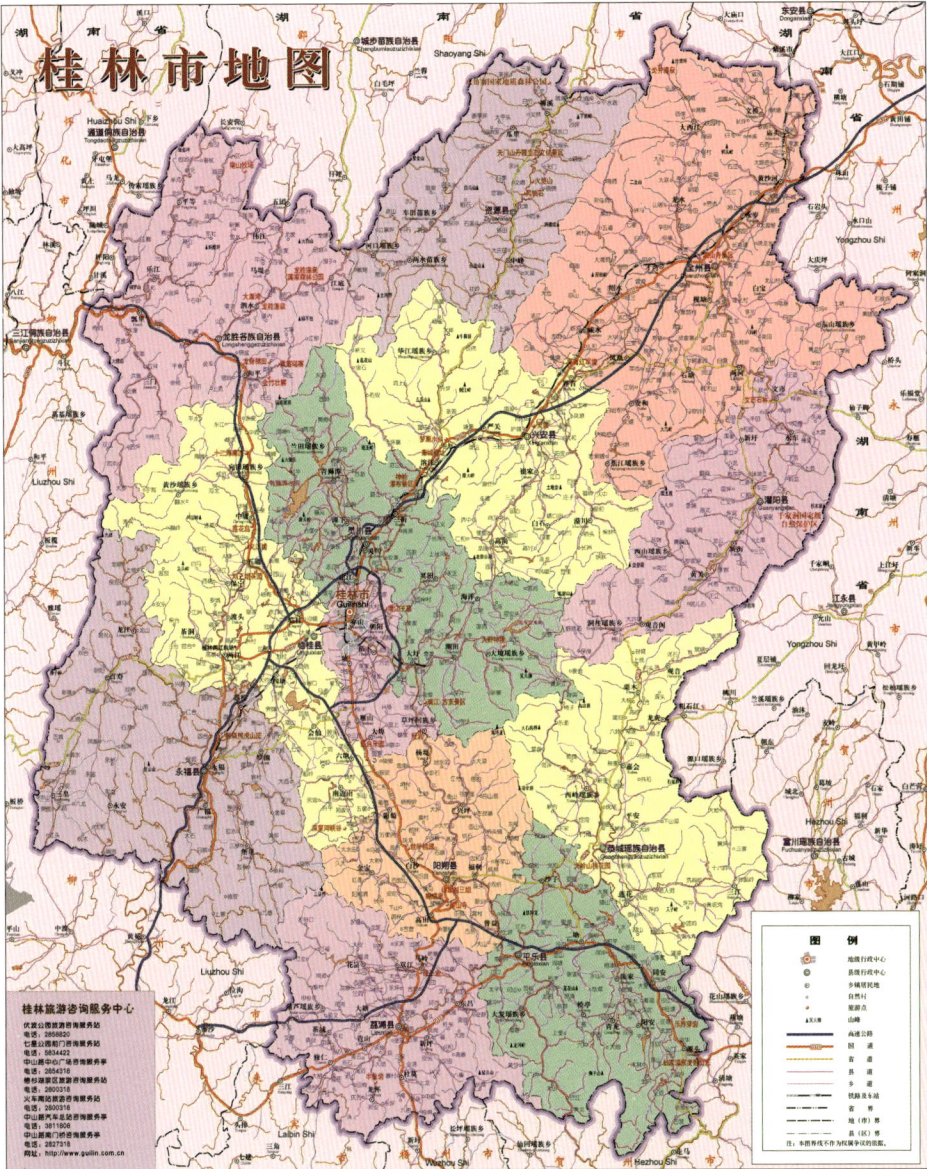

↑桂林市地图

千古灵渠（林京学 摄）

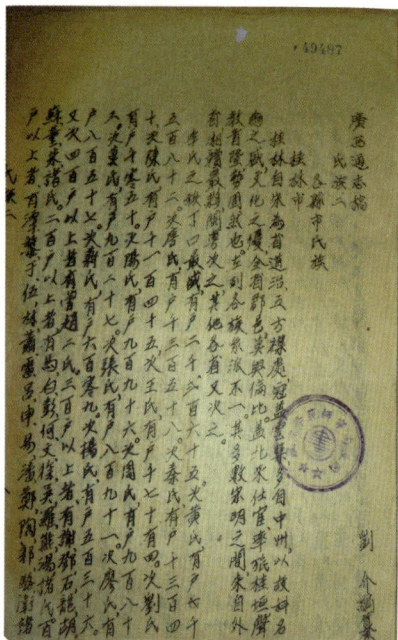

↑ 刘介所撰《广西通志稿》（何海龙 摄）

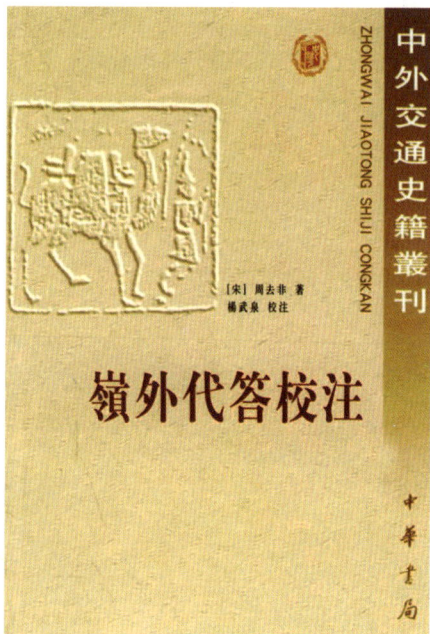

↑ 周去非《岭外代答》（何海龙 摄）

林、黎、王、卢、曾、谢、颜、莫、周为大姓，来自湘、粤、赣、闽。

明太祖洪武年间（1368），罗承祖举家由广东惠州府长乐县七十八都迁徙广东南雄珠玑巷经商。明惠帝建文时（1399），承祖的五个儿子又从广东南雄珠玑巷迁徙广西开基：千一迁徙广西荔浦县东昌镇思贡村开基；千三迁徙广西平乐县同安镇榕塘村开基；千四迁徙广西平乐县张家镇张家村开基。千四第五世用芝，又由张家村迁居新寨村，为平乐县二塘镇新寨村罗氏始祖；千五迁徙广西柳州府开基。南雄古明我、古汕我、古国壹、古含真等于明末天启年间往广西昭平县黄姚镇经商，后定居于此，裔嗣再择居广西平乐县二塘镇。

荔浦一县，以莫、陈、李、黄、何、张等姓最大，文、刘、王、龙、邱、朱、周、谢、罗及钟姓次之。以上诸姓原籍多在江西、福建、湖南，且多于明代始迁荔浦。荔浦新坪寨背李氏始迁祖李弟，字云峰，祖籍福建上杭，李火德十五世裔孙，碑文记载明末"因奉命领兵调遣荔浦剿抚上、中、下三峒，旋以功成身退，卜寨背村，世其居"。而修仁王氏一族，明末来自广东程乡县（今梅州市）。

明末，广东兴宁县人刁宗颜，为广西平乐府富川县知县，后寓居广西，"为广西刁氏之祖"，其后代繁衍较盛，桂林平乐、荔浦刁氏与其有一定渊源关系。广西桂林平乐县张家镇张家村罗氏基祖千四公从广东南雄珠玑巷迁徙广西桂林平乐县张家镇张家村定居。

清初，经过南明政权的抗清斗争和"三藩之乱"，广西人口大量减少，农业生产破坏严重。为恢复经济，稳定社会秩序，巩固广西地区的统治，清政府采取大量招抚流民、鼓励垦荒的移民实边政策，由此而推动了不少来自闽、粤、赣的客家人入桂。

另外，清咸丰六年（1856）从嘉应州迁往粤西六县（新兴、新会、开平、恩平、阳江、阳春）的客家人和外省人，同当地人（所谓土人）发生了一场大规模械斗，这就是历史上有名的"广东西路土客斗案"，双方屯兵攻打，历时12年，死伤众多，损失惨重。后虽经官府调解，但土地问题未能解决，乃"劝谕客众他迁，发给资费，大口八两，小口四两，派勇士途中保护往高、廉、雷、琼等府县及广西贺县、贵县、容县、武宣、平南、马平、柳城、荔浦、修仁等县觅地居住谋耕"。于是，粤西六县大批客家人涌入广西各县开荒种地，营造新居。咸丰、同治年间（1851～1874）广东肇庆府发生延续十余年的"土客械斗"，数以10万计的客家人因战败而被遣送或逃到广西，形成清代客家入桂的又一次高潮。

↓灵渠（唐峰 摄）

↑桂林灵川境内湘桂古商道（刘道超 摄）

广西桂林平乐二塘新寨罗氏源流示意图

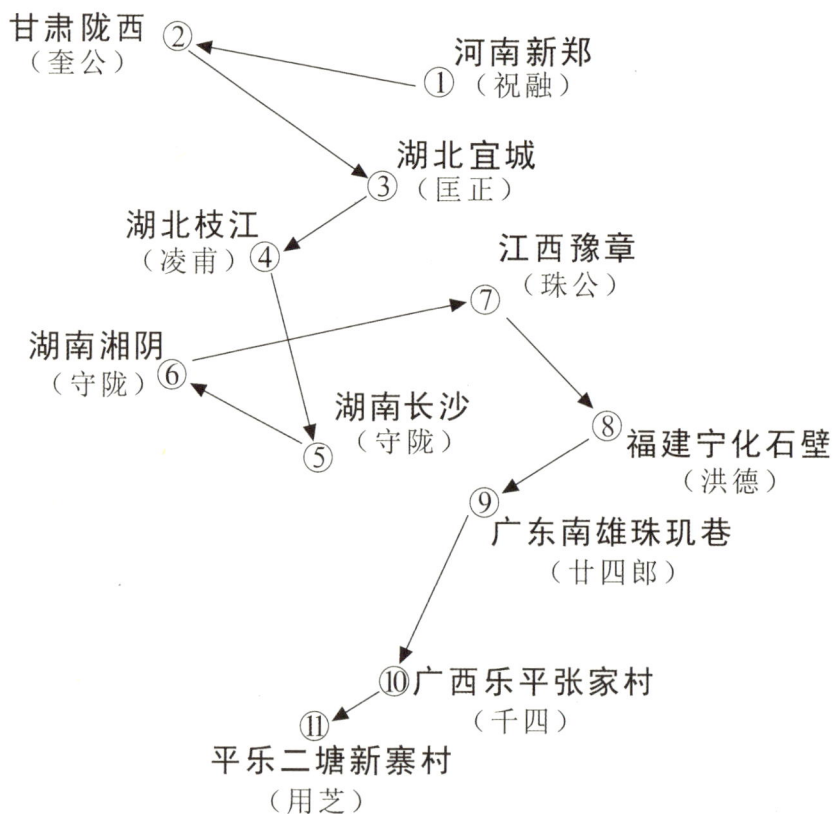

甘肃陇西 ②
（奎公）

河南新郑
①（祝融）

湖北宜城
③（匡正）

湖北枝江
（凌甫）④

江西豫章
⑦　（珠公）

湖南湘阴
（守陇）⑥

湖南长沙
⑤　（守陇）

福建宁化石壁
⑧（洪德）

广东南雄珠玑巷
⑨（廿四郎）

⑩广西乐平张家村
（千四）

⑪

平乐二塘新寨村
（用芝）

　　临桂县六塘和南边山，从乾隆、嘉庆时起，不断有客家人从江西、广东等地迁来，很快在这一带山区形成客家村落。居民有张、刘、秦、曾、萧20余姓之多。其中广东嘉应州程乡县桃源堡人张以灵，于乾隆初年偕妻携四子迁居临桂县南边山大江头村，另两子则迁江西萍乡金山乡志木村。经过260多年的子孙繁衍，张氏成了临桂县南乡的大姓。

　　临桂邱氏元达公，于清乾隆年间1775年左右，为逃荒，挑担两个年幼的儿子从江西万载十字路鸡笼山迁往临桂，从租地耕种到开油坊为生。

　　温乃麟祖籍广东嘉应州兴宁县，后迁江西万载县。乾隆五十年（1785），乃麟偕侄朝宜，子朝贵、朝永、朝昌自万载迁广西。乃麟父子四人人居临桂县西南之苦李河，分别在临桂、阳朔购地安家落业。朝宜则迁至平乐府荔浦县之山岔桐溪岭。另曾氏于清乾隆年间江西省萍乡市上栗区桐木镇湖塘村来广西临桂县南边山军洞鸡司桥村安居乐业。

↑临桂南边山张氏族谱（何海龙 摄）

↑金宝是阳朔县客家居民较多的一个乡（何海龙 摄）

　　临桂小江李氏先祖李廷奇，李火德十七世裔孙，于明末由广东迁湖南浏阳县，后又迁江西万载县，再迁萍乡县。至二十世于乾隆年间始迁广西临桂六塘镇小江村开基。李氏居小江至今二百余年，传十余世，现有裔孙数百人，叱咤风云的李天佑上将即出生于临桂六塘镇小江村。

　　阳朔县客家多于明、清时从江西省迁来。其中金宝乡的客家居民即占该乡人口总数的一半以上。白沙乡金龟峒赖姓、陆姓、张姓，大竹山村丘姓以及芭蕉林张姓，也多于乾隆、嘉庆年间从江西迁来。高田乡古登村、古樟村吊山脚和糯米岭的刘、叶、张、何等姓，以及浪梓、下山、黄土坝各村的何、丘、刘姓，都系乾隆、嘉庆时从江西、广东两省迁来。

　　永福县客家，自清初从广东嘉应州迁来者有刘、邓、郭、徐等姓，其余多在乾隆至道光年间迁入。其中永安乡陈氏于乾隆二十五年（1760）从福建宁化迁来，徐、何、刘、田、黄、华、邱、林、王、赖、江诸姓客家，多于嘉庆、道光年间（1796～1850）从湖南长沙、浏阳和平江，江西新余、万载，福建宁化、上杭以及

↑龙胜瓢里客家人介绍龙胜客家源流（何海龙 摄）

↑恭城乐湾陈家大屋（宋富强 供）

↑恭城乐湾陈家大屋（宋富强 供）

广东蕉岭等地迁来。而永安乡军屯村谢、钟两姓，则分别于嘉庆元年（1796）和十九年（1814）从江西武宁、万安迁来。谢瑞桂、瑞仁、瑞宗和钟万高，是两姓人家的始迁祖。另永福县永安乡丘氏开基祖宏巨公，约1845年因父荣腾早亡，便由母张氏携带从江西省新昌县（今宜丰县）安福乡投奔分别于1810年、1820年迁居广西桂林府永福县永安乡隘口屯的叔父九皋、叔叔荣桂，定居成家创业。

龙胜县客家，多数于嘉庆年间，来自广东，经柳州沿柳江而上，深入至瓢里乡的瓢里、思枚、六漫、大云和乐江乡之石村各地定居，分别有温、赖、何、潘等姓。如龙胜温氏原籍广东嘉应州（梅州）松源堡横江乡保港甲黄毛寨，自嘉庆年间一路沿西江而上，做药材生意，后选择龙胜瓢里六漫定居，历经两百年的创业和积累，随着家族后代的繁衍，逐渐成为龙胜一支声名显赫的大家族。

清代，外地客家迁入平乐府亦多。平乐同安陶、廖两大姓，金华乡张、韦诸姓，都是清初迁来。钟氏与欧阳氏之族，则于乾隆年间迁来。源头镇珠山村的蓝氏，清顺治初年来自福建福清县，始迁祖蓝柏瑞，经广州溯西江、抚河至昭平，后再由昭平迁平乐。同安的陈、谢、赖、韩、何、等30余姓客家，多数来自江西和广东，少数从富川迁来。桥亭乡的苍源、人和两村，张、鲁、邱、黄诸姓，清中叶来自广东，少数于清末来自富川英家（今属钟山县）。其他如阳安乡加东村张、李、曾诸姓，大扒（发）乡邱、李诸姓，以及二塘乡谢家村客家，除邱姓来自昭平外，余多从广东迁来。富川县客家，林、钟、邹氏俱于乾隆时来自广东（其中林氏祖籍兴宁），谢、魏、刘三姓则于乾隆末年来自广东龙川。

恭城县客家，多来自福建、广东两省。他们或从龙虎关入境，或从西江、抚河转茶江而来，主要有张、黄、田、何、刘、马、梁、莫诸姓。乐湾村陈氏嘉庆三年（1798）为避战乱从福建漳州迁至恭城乐湾。又有林芳文者于道光二十四年（1844）率家人从福建韶安县溪东乡经过长途跋涉，直抵恭城，先居城西龙屋村，再迁县城后街落户。广西恭城《罗氏源流谱序》载：罗言丙，字寅生，生行四郎，生于清乾隆庚午（1750）；于嘉靖丁丑年，由诏安二都迁徙广西平乐北乡平津里开基，即今恭城县白马村及乌石村等地，子孙昌盛。

荔浦客家，姓氏繁杂，有莫、陈、李、何、古、黄、张、林、文、刘、王、蓝、苏、龙、邱、朱、姚、徐、周、罗、谢、蒙、钟各姓。粤东梅州古凤仪支系后裔古希皋、古希魁、古希源、古希周、古希贤等于乾隆五十七年迁居广西荔浦县，古富清于道光年间迁居广西荔浦县大塘乡。新坪茶改山李氏先祖李德琳，祖籍广东长凌县，约于清乾隆末年与胞弟由广东迁广西贺县黄田圩，其子李秀发生于嘉庆年间由贺县迁来荔浦东乡兴隆村（今属新坪镇），先居三界庙，后因住房失火，居于寨背李朝杰之茶山，后裔渐增，遂在茶山脚下开基立业。新坪李家厂李氏始迁祖李秉忠，祖籍广东，约于清道光年间由珠玑巷迁至广西荔浦县新坪镇李家厂开基。荔浦马岭镇林氏，祖上原居福建省漳州平和县龙头村。清咸丰年间，因贼扰乱不安，难以生存，兄弟姐妹商议迁入广西省荔浦县荔北乡（现马岭镇）广安村桥头屯安居乐业、创业（咸丰十三年）。

　　修仁镇客家，姓氏较多，支系亦众。陈、蒙两姓分别于清初及雍正年间来自广东嘉应州。刘氏一支于乾隆年间来自广东。而罗氏、钟氏和赖氏，则于嘉庆年间分别从广东惠州与恩平迁来。与此同时，林氏来自广东龙川县。曾氏一系亦来自恩平，时在道光年间。叶氏则于咸丰时从嘉应州迁来。其他如何、冯、贝、沈及巫姓，都因粤西各地发生"土客械斗"，于咸丰、同治年间从恩平走入广西，辗转至修仁定居。其中巫氏之族，玉丽公裔迁荔浦，文成公裔迁修仁。石乾龙、石乾民原是居住在广东梅州一带，在太平天国运动失败后为躲避清军的追杀，三兄弟逃到广西荔浦县修仁镇麻场屯安家落户。此外，黎氏与周氏两族，则于同治年间分别来自广东连山和江西吉安。

　　新中国建立以后，客家大规模移民的现象不再发生，居民住地相对稳定。桂林客家人也在业已形成的居住地域内生存和发展，结束了历史上大规模迁徙的颠沛流离的生活。

　　目前对桂北的全州、资源、兴安三个县域是否存在客家人，以及客家人的分布缺乏调查研究，这一问题仍需进一步研究。目前，桂林市客家分布现状及人口统计大致如下表：

桂林客家人的分布及人口统计表

单位：万人

项目 市县 （区）	分布的乡（镇）、村	2011年 总人口	客家 人口	客家人 口比例
市　区	全市4城区1郊区，客家分布于各城内各高校、企事业业单位或街道居坊。原籍有来自广东、福建、江西、湖南，也有来自博白、陆川、贺州、钟山、昭平等县市的客家人居市内	71.09	4.265	6%
阳　朔	全县10个乡镇，客家主要分布于金宝乡、普益乡、白沙镇、高田镇、城关镇等乡镇	30.83	2.46	8%
临　桂	客家主要分布于南边山乡永忠、升平、军洞等村；四塘镇；六塘镇小江、清泰等村；大江水库；东计岭水库移民新村等	47.21	2.36	5%
灵　川	全县13个乡镇，客家主要分布于公平乡、大圩镇毛村、竹江华侨农场等乡镇	36.38	0.183	0.5%
永　福	全县10个乡镇，客家主要分布于永安乡、堡里乡、龙江乡	27.47	0.357	1.5%
灌　阳	全县11个乡镇，客家主要分布于观音阁乡，以及洞井、西山两个瑶族乡等	28.03	0.28	1%
龙　胜	全县11个乡镇，客家主要分布于瓢里乡、乐江乡	16.89	0.253	1.5%
平　乐	全县12个乡镇，客家主要分布于平乐、同安、源头、张家、阳安、桥亭等乡镇；二塘镇沙家村、长滩乡、大发瑶族乡广运、巴江村等乡镇	41.85	2.09	5 %
荔　浦	全县13个乡镇，客家主要分布于茶城、修仁、青山、三河、杜莫、新坪、马岭、双江等乡镇	37.42	4.5	12%
恭　城	全县11个乡镇，客家主要分布于观音阁乡，以及洞井、西山两个瑶族乡等	28.51	1.71	6%
合　计		365.98	18.513	4.7%

注：此表数据是熊守清教授根据2011年桂林市人口普查的结果，综合钟文典教授《广西客家》以及刘村汉教授《广西客家话的使用人口及其分布》中的桂林市客家人口统计而得。

第二章

传统到现代：桂林客家经济

一、桂林客家传统经济
二、桂林客家现代经济

从古至今，无数的客家人从四面八方迁到"山水甲天下"的桂林，使桂林成为了客家人的一个重要聚居地。客家人迁入桂林的原因各异，但大多数人是生活所逼才迁入桂林的。他们迁入桂林的时候，桂林的好山好水多为土著居民所有，留给客家人的大多是穷山恶水，而他们自身又一穷二白。因此，摆在他们面前的首要问题就是要发展经济，解决自身的生存问题。恶劣的自然环境并没有把他们吓倒，他们成为开拓桂林深山荒原的大军和奔走于河流航道的主力。桂林客家人凭着自身良好的技术条件，以及刻苦耐劳、努力奋进的精神，逐渐在桂林这个新的环境中站稳脚跟、安居乐业，同时为促进桂林社会经济的发展作出了贡献。今天，桂林社会经济所取得的巨大成就，很大程度上离不开客家人对桂林的开发与建设，桂林客家经济既有传统经济行业，也有现代产业下的特色经济。

一、桂林客家传统经济

桂林客家人从事的传统经济行业主要有三大类：农业、手工业、商业。农业是客家经济的根本，是桂林客家人赖以生存的物质基础，是经济生活的主轴。但发展农业的同时，手工业、商业在桂林客家人的经济生活中占有很大的比重，在发展农业的基础上，利用丰富的资源发展手工业、商业，与农业并行发展。

1．农业

农业是桂林客家的支柱产业，是桂林客家人艰苦创业、安身立命的根本。农业有狭义与广义之分，按广义来说，农业包括农、林、牧、副、渔等。而桂林客家从事的传统农业有种植业、畜牧业、林业、渔业等。桂林客家人之所以把农业作为他们的根本，原因在于他们本身就是汉民族的重要一支，在经济思想上受到"重农"思想的影响，也因为他们迁入桂林时候的环境，决定了他们必须先从事农业，才能更好地解决他们的生存，在新的环境中站稳脚跟。

种植业

在桂林客家人从事的农业中，又以种植业为经济支柱，也是桂林客家人收入的主要来源。桂林不仅山水甲天下，而且全年气温比较高，热量丰富，雨量充沛，光照较为充足，春夏秋冬四季分明，且雨热基本同季，气候条件十分优越，土壤土层深厚，耕作性好，十分适合种植业的生产。桂林境内的农作物种类繁多，有稻谷、玉米、甘蔗、红薯、大豆、花生、芋头、木薯、姜、瓜、果、蔬菜等，另外还有很多种类，在此不一一而足。桂林客家人从事的种植业主要有两个方面，一是粮食作物的种植；二是经济作物的种植。

桂林客家人种植的粮食作物品种主要有稻谷、红薯、芋头、玉米等。其中粮食作物以种植稻谷为主，红薯、芋头、玉米等为辅，但红薯、芋头、玉米等辅助性的粮食作物对桂林客家人解决生存、生活及人口的繁殖的作用也是非常大的。稻谷是桂林客家人的主粮作物，桂林气候雨量均衡，十分适宜稻谷的种植。稻谷品种很多，主要有籼、粳、糯三大种，但还有不同分类，按生物学特性来分，有早稻、中稻、晚稻；按适应性来分，有旱稻、水稻；按水稻的栽培次数来分又有单季稻和双季稻。桂林因地处多山的广西北部地区，桂林的水稻品种主要有早稻和晚稻。桂林客家人主要种植早稻和晚稻，有单季种植也有双季种植，历史上因为地理和技术方面限制，更多的是单季稻耕种。只要少数地区是双季稻耕种，如客家居住地之一的大圩镇曾有少量双季稻种植。现在一般是双季稻，大致春分插秧，小暑时候收获，第二季一般在十月收获，或者是单季稻与经济作物循环种植。稻谷的种植为客家人解决温饱提供了重要的保障。

红薯和玉米是桂林客家人日常辅佐稻谷的又一主食作物。桂林客家人称红薯为番薯，和玉米一样原产美洲，明朝万历年间传入中国东南沿海地区。之后，随着大量客家人迁入桂林，客家人把红薯、玉米及相关的栽培技术也带到了桂林，并且很快在桂林得到了广泛推广，成为桂林客家人乃至全桂林人最重要的杂粮作物。关于红薯的一些基本情况，乾隆黄元基纂修的《灵川县志》中有记载："薯，红、白

←红薯（彭强民 摄）

←红薯（彭强民 摄）

←收获的玉米（彭强民 摄）

两种，番薯种自吕宋而来，由闽而粤，万历始有之。园地、高山俱有种植，皮分红、白，肉分白、黄，叶为蔬，饥为粮，味甘无苦。"文献记载更印证了桂林客家人对红薯的传入与种植有密切的关系。从中也可以看出红薯的食用既可为蔬，也可为粮。除此之外，红薯还能用作饲料，喂养猪、牛等。所以在桂林客家地区乃至整个桂林地区都是大面积地种植红薯这一粮食作物。不管是不是耕种地，还是屋前屋后，只要有空地，就有红薯的种植。在历史上，灵川的红薯种植最多时曾达到6.2万亩；临桂的红薯种植最多时达到了8.05万亩。由此可见，桂林各地对红薯种植的重视程度之高。

玉米虽不像红薯那样大面积耕种，但对桂林客家人来说也是主要耕种的粮食作物。玉米，又称为苞谷。品种有黄玉米（黄苞谷）、白玉米（白苞谷）、早玉米、秋玉米、糯苞谷。玉米，适应性强，耐旱耐瘠，可在山区地区耕种。灵川大圩客家地区和恭城的栗木、嘉会、西岭、观音等客家地区盛种玉米。荔浦客家地区也都有玉米的种植，以客家地区的三河、新坪居多。但玉米的产量不高，限制了它的发展，近年来，客家地区逐年减少它的耕种面积。

桂林客家人也比较喜欢种植芋头，其中以桂林荔浦种植的荔浦芋最为出名，是桂林的最著名的特产之一。荔浦芋，俗称"槟榔芋"，是由福建漳州客家人带入荔浦的，原名不称荔浦芋，但比起漳州及其他地方，荔浦更适合这种芋头的生长，所以就成为了荔浦芋。据民国三年《荔浦志》记载："有大至十余斤，今实无，但以城外关帝庙前出者为佳，剖之，现槟榔纹，谓之槟榔芋。"又："纹棕色致密，粉松而不粘，气香。他处有移种者，仅形似耳，无纹，谓之椰芋。"荔浦芋是荔浦县的主要传统产品，在全县都有种植，其中以客家人居住的青山、三河、杜莫、新坪、修仁等种植的较多，是荔浦客家人主要的粮食作物。除了荔浦县外，桂林的其他县的客家人也种植芋头。恭城客家人种植的芋头有杂芋、槟榔芋两大类，而杂芋又分有红苗芋、白紫芋、干薯芋、旱芋（岭芋）、狗爪芋等品种。

桂林客家人除了种植粮食作物外，还种植了很多的经济作物，有甘蔗、花生、苎麻、蘑菇、茶叶、油菜等。桂林客家人重视甘蔗的种植，甘蔗不仅吃起来甘甜解渴，而且是桂林客家榨糖的主要原料。按甘蔗的用途，桂林客家人习惯把甘蔗分为果蔗和糖蔗。果蔗中最为著名的是青皮水蔗，相传是荔浦"青山乡龙头山的杨栋才于200多年前由广东带入种植"。糖蔗的主要品种是竹蔗和芦蔗。果蔗食用，糖蔗用来榨糖（黄糖）。桂林客家人居住的地方都有甘蔗的种植，桂林恭城县甘蔗的种植与客家人密切相关。在清嘉庆时，有福建黄、陈、郑、江等姓的客家人移居恭城，从福建带来了甘蔗的种子，后来不断发展扩大，县内的平安、莲花客家人喜欢种植果蔗，西岭、栗木的客家人喜欢种植糖蔗。桂林荔浦青山乡的客家人喜欢种植果蔗，而且该乡的果蔗皮脆肉细，甘甜可口，久享盛誉，还传播到了桂林各地。

花生，桂林客家人又称为地豆，是桂林客家地区种植的主要油料作物，占油料作物种植面积的80%以上。花生品种多样，根据花生仁的大小，有大仁花生和小仁花生。大花生壳厚、果型大；小花生粒小、壳薄。但桂林客家人主要根据花生的植物特性来分花生的种类，有蔓生型和直立型，品种有树花生、珍珠豆、狮头企、越南红等。桂林花生一般于4月上旬播种，8月可收获。除了种植花生外，还种植其他油料作物，有油菜、芝麻，这些油料作物多种植于旱地、山地，虽有种植，但不及花生普遍。

苎麻是以纺织为主要用途的经济农作物，也是国防、橡胶等工业的主要原料，因此在桂林客家地区普遍种植。品种有绿白麻、满园箪、乌龙麻、六白串、星皮串、硬骨青、红芽苑等。苎麻适应性强，生长较快，一年可收获三次，雨水充足时甚至可收获四次。桂林客家地区的荔浦、临桂、阳朔、恭城是传统的苎麻生产基

↓荔浦芋头（彭强民 摄）

地。荔浦县历来以马岭为苎麻的主要产区，另外杜莫也较多种植，品种有绿白麻、满园窜、乌龙麻，新中国成立后荔浦所种之麻都称为乌龙麻。而临桂的苎麻曾经以客家人居住的六塘及附近各村的最好，种植的白麻闻名全国，是当地客家人主要的副业，最高峰时曾产近11万斤。阳朔苎麻的传统种植地区在金宝乡一带，虽没有临桂六塘苎麻闻名，但所产之麻质量较好，与临桂六塘苎麻实不分伯仲。恭城称苎麻为青麻，新中国成立前县产苎麻达13吨，新中国成立后县政府一度大力发展苎麻生产。在恭城苎麻中，以莲花乡的苎麻纤细柔韧，最为著名，亩产约三四十斤，可惜因产量低而未能有所发展，地位逐渐被其他地方超出。

罗汉果属葫芦科，是一种多年生藤本植物，被称为桂林的第一号特色农产品。说它特色，是因为它又是一种药材，有清肺润肠之功能，对治疗急性气管炎、急性扁桃体炎、咽喉炎、急性胃炎都有很好的疗效。早在道光年间的《修仁县志》（现归荔浦县的一个镇）中就有记载："罗汉果可以入药，清热治嗽，其果每生必十八颗相连，因以为名。"清光绪《临桂县志》中也有记载："罗汉果大如柿，椭圆中空，味甜性凉，治劳嗽。"除此外还可以作为一种极好的清凉饮料，还可以用来烹调，有"神仙果"美誉。因此，桂林客家地区较多种植，灵川客家地区的公平乡、青狮潭，恭城客家地区的观音阁乡，永福客家地区的堡里乡、龙江乡等都是罗汉果种植的主要产地。其中永福罗汉果全国闻名，是人工栽培的发源地。现在永福已经被国家列为全国罗汉果生产出口基地，种植面积不断扩大，产量、质量不断提高。罗汉果成为桂林的一张特色品牌。

畜牧业

畜牧业是农业重要的部门之一，与种植业并列为农业的两大支柱。桂林气候温和，饲料资源丰富，不仅有较多的草场可以做饲料，而且稻谷、玉米、番薯及其根茎都可以用来做饲料，发展畜牧业的条件优越。畜禽的饲养受到桂林客家人普遍的重视。桂林客家人饲料的畜禽品种有牛、马、羊、猪、狗、猫、兔、鸡、鸭、鹅等。在农村地区，大多数客家人都会饲养耕牛，贫穷的客家农户则联合饲养，其目的就是用来耕种。耕牛的品种有两种——黄牛和水牛，黄牛体型小、力气小，适合耕种旱地；水牛体型大、力气大，适合耕种水田。除了耕田，过去榨糖、榨油、碾米等也都用牛力。但随着社会生产力的发展，养牛逐渐失去了耕种的功能，现在养牛更多转为了食用。除了养牛外，还养猪，农村的客家人基本上每家每户都会饲养猪。根据猪的用途，桂林客家一般饲养三种类型的猪：公猪、母猪及肉猪。公猪用来为母猪配种，母猪用来繁殖，肉猪食用或出售获取经济利益。所以传统的客家养猪模式是自养、自繁、自宰、自卖。其中养肉猪的较为普遍，养猪是增加客家人收

↑临桂六塘苎麻（彭强民 摄）

↓桂林罗汉果（彭强民 摄）

人的重要手段。

家畜以饲养牛、猪为主，而家禽则以饲养鸡、鸭为主。桂林客家人历来以养鸡、鸭为重要副业，逢年过节或招待客家加菜可以自给，还可以拿到市场上去卖，补贴家用。而且家中饲养的鸡、鸭是绿色健康食品，主要用自家的粮食作物或者是剩菜剩饭作为饲料来喂养。这也体现了客家人勤劳、务实的精神。

渔业

渔业是桂林客家农业的重要补充产业。桂林水资源丰富，内河流密布，最出名的是漓江，除漓江外有湘江、浔江、资江等众多河流，也有很多人工开凿的运河、池塘、山塘水库。这些有利的条件为桂林客家发展渔业提供了重要的条件。桂林客家人迁入桂林时居住的不是山区就是靠水的地方。靠山"吃山"，靠水"吃水"，桂林客家人利用他们靠水的有利条件，从事水产养殖或者是江河捕捞。漓江是桂林人的"母亲江"，蕴含着丰富的渔业资源，居住在漓江沿岸的客家人在刚迁徙来的时候通常以捕捞为主要的生存方式。以灵川县毛村客家为例。毛村原为茅村，地处漓江河段北岸，居住着客家黄氏族人。黄氏先人迁入时，毛村乃是一片荒芜之地。为了解决生机，黄氏先人充分利用了漓江的河流之便，以捕鱼为生，黄氏族人也不断发展壮大，为毛村的形成奠定了基础。而且随着黄氏族人的发展，他们不满足在漓江沿岸捕捞，把捕捞的范围也扩展到了桂柳运河、桂江等沿岸。黄氏族人也不断在江河沿岸建村，可以说渔业成为了他们安身立命、发展壮大的重要物质基础。

林业

林业是培育森林和生产木材的生产部门，是农业的重要构成部分。桂林山多平地少，气候温和，雨水充足，适宜发展林业。桂林客家人素有经营林业的传统。而不少桂林客家人就居住在山林地区。由于迫于生计和在商品经济的带动下，他们充分利用所处的地理优势，开发山林，经营木材。林业成为了他们一项重要的经济收入。桂林客家人居住的临桂、灌阳、永福、恭城、灵川、龙胜等地都是重要的林区，品种有桐树、杉林、毛竹、马尾松、松树、油茶等，是广西桐树、杉木、毛竹主要产材基地。恭城三面环山，林木茂密，客家多种植木材，品种为松树、杉树、油茶树、桐树居多，其中桐树、杉木皆是传统的外销产品，曾一度发展势头猛进，杉木出口一度占广西杉木出口的四分之一。临桂林业资源丰富，主要有松树、桐树、油茶树等，分布在六塘、南边山等地区。松树可采松脂，以松脂和木粉混合可制成松烛，用于照明，很好地解决了客家人的照明困难。桐树可榨油，品种主要有千年桐和三年桐两种。油茶树，种植历史悠久，新中国成立后有所发展，1965年产油茶油11.55万公斤，创历史新高。

↑桐树（朱江勇 摄）

↑毛竹（朱江勇 摄）

↑油茶树（彭强民 摄）

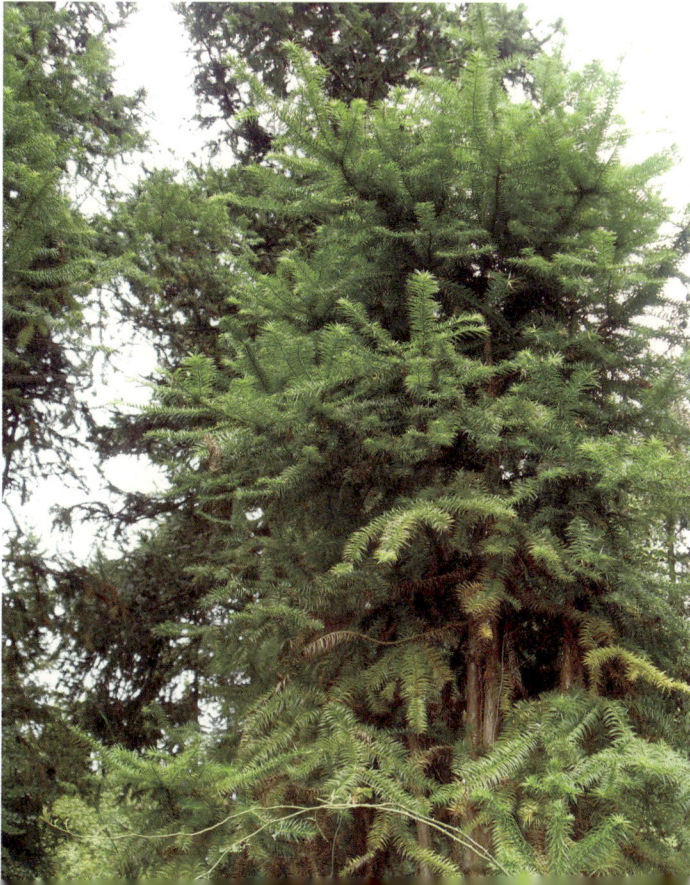

←杉树（朱江勇 摄）

2. 手工业

手工业是传统经济行业的重要组成部分。在发展农业生产的同时，桂林客家人还从事手工业生产，各类手工业者众多，手工业部门也极多。他们主要从事的手工业有：纺布业、榨糖业、酿酒业、食品加工业、采矿业等。手工业对客家人的经济生活有重要影响，是他们经济收入的重要来源。

织布业

织布业是桂林客家最普遍的主要手工业，在经济生活中有重要影响。桂林客家人的织布业有两种存在的方式，一种是自产自用型的，满足人们日常生活需要，不做商品出售；另一种是生产销售型的，产品做商品出售，获取经济利润，这种生产销售型又包括个体家庭手工生产和手工工场生产。新中国成立前，很多客家妇孺农闲时候从事织布业，以苎麻为原料，生产麻布。临桂六塘和阳朔金宝乡等地是麻布的主要生产地。临桂六塘的麻布久负盛名，所织麻布称为六塘麻布，光滑洁白，通风透凉，坚滑耐洗，韧性强，耐洗涤，质量为上上之乘，客家农户在满足自身消费外，还是经济收入的来源，因此，六塘客家人多从事麻布纺织。据民国二十六年（1937）广西省政府统计室调查统计，六塘圩附近各村就有176户农民从事麻布纺织，可见参与人数之多。除了农户个体家庭的手工生产外，在市镇多采用手工工场形式的织布业，雇佣工人来从事纺织，且所雇佣工人多为来自湖南的客家人。这些纺织业的手工工场多为客家人所操纵，不仅如此，连麻布的销售也为客家商人所掌控。在六塘还形成了专门的麻市，吸引着各地全国各地的客商前来收购。新中国成立后，六塘麻布有过短暂的繁荣，但手工生产终究获利甚微，慢慢失去了其显赫的地位，衰退下去。

榨糖业

桂林客家历来有种蔗榨糖的习惯，榨出来的糖有黑糖、黄糖、白糖、冰糖等数种。农村中多是单户或者联户经营，但技术及榨具落后，采用土法榨糖，产量较低。商品经济的发展，甘蔗产量的增加，技术的进步，也促进了蔗糖业的发展。一部分客家人因为擅长榨糖而成为了独立或半独立的手工业者。很多榨糖业者集资联合经营，采用自种自榨自卖一条龙的模式，最后所得利润，合伙者按股分红，这很好地促进了榨糖业的发展。恭城历来是桂林重要的榨糖业生产基地。据《恭城文史资料》中载，在清末民初，县榨糖发展至54乘，而至上世纪30年代，更是发展到120乘，部分糖榨还使用较先进的水力推车为动力。而其他客家地区的榨糖业也在他们手工业中占有重要地位，大大丰富了桂林客家人的物质生活，提高了他们的生活水平。

酿酒业

随着农产品商品化的不断加深，粮食产量的不断提高，有越来越多的粮食能从中解放出来，酿酒业就是突出的表现。桂林客家的酿酒工艺非常著名，桂林客家所在的各圩镇，酒坊林立，生产白酒、黄酒、桂酒，用来供应市场，而在广大的客家农村地区，则是自酿自饮，或者逢年过节时当作礼物送人。桂林客家人侯同昌在民国五年在两江圩开过酒坊，民国三十五年，桂林客家人刘子芝创办"三天倒"酒坊，他们所产的三花酒，远近驰名。酒成为了客家人日常生活和宴席上必不可少的佳品。

食品加工业

桂林客家人的食品加工业有粮油、糕点、酱料等。传统的粮油加工大多采用土法，加工工具简单，粮食加工普遍采用石舂、石碾，少数采用水碾，油料加工使用木榨等原始工具。灵川大圩客家人生产的大圩蛋面颇有名气，与桂林米粉齐名。桂林客家各圩镇地区均有糕点生产和销售的店铺，以各种农产品为原料，多为个体手工生产，采用"前店后坊"的形式，自产自销。不少桂林从事糕点业的客家人，成为了桂林糕点业的佼佼者。在桂林客家的食品加工业中，最值得一提的是酱料业

↑桂林腐乳（彭强民 摄）

了。桂林豆腐乳驰名中外，是"桂林三宝"之一，但桂林豆腐乳的出名，绕不开桂林天一栈。天一栈店主姓阳，名开泰，又名天一，是清咸丰年间从江西吉安府卢陵县迁来广西桂林的客家人，天一栈地点在桂林市中山南路，以经营豆腐乳、辣椒酱为业。它所经营的豆腐乳经过不断试验改进，质量不断提高，声名远播，再借助在文人名士中的口碑与宣传，在公众的认可下，成为了桂林的名优特产。

采矿业

桂林矿产资源丰富，采矿历史悠久，矿产资源主要分为金属矿和非金属矿两大类，桂林各地有铁、铜、铅、锌、锰、锡、钨等金属矿，以及有大理石、黏土、石灰石、重晶石、水晶、滑石、煤、花岗岩、白云岩等非金属矿。恭城早在明万历四十八年，就有客家人开采铅锌矿。恭城栗木镇的客家人在该镇开采钨锡矿，民国二十三年，客家人张明德开办的富源矿业股份有限公司，为恭城第一家钨锡矿业公司。灌阳钨矿资源藏量也极丰富，曾也有过大规模的开采。灵川的客家人主要分布在大圩镇、公平乡，该地客家人开采赤铁矿、褐铁矿、硫铁矿、辰砂、方解石、大理石等矿产。荔浦县的新坪客家在桂山开采银铅矿，马岭客家则开采煤和锰矿。

3. 商业

客家人与其他汉民族相比，一个不同之处是客家人不仅仅从事农业生产，还爱好经商，客家人素有"东方犹太人"的称号。桂林客家也继承了这一传统。客家人迁到桂林后，由于生活所迫，为求立足，一般不是开辟荒山，发展种植业，就是从事商贸活动。但客家人经过经商积累一定的财富后，再购置田地，因此，桂林客家人中不乏商业与田地都兼有的富裕者。经商的桂林客家人有两种类型，一种是桂林本地的客家人；一种是由于经商而来桂林的客家商人，这两种类型的商人我们都称为桂林客家商人。来桂林经商的客家人有来自福建、广东、江西、湖南等地，但主要的是来自广东的客家商人，由于广东商人特别多，形成了"无东不成市"的老话。从明代到近代，桂林客家商人的经商活动非常突出，商业异常繁荣。

会馆与客家商业

桂林客家商业繁荣一个明显特征是会馆林立，客家商人云集。会馆是旅居异地的同乡人共同设立的专门为同乡或同行业的人提供寄居、聚会的场所。随着外来商人旅居桂林人数的增加，业务的不断扩大，清代商人会馆便在桂林各城镇普遍兴起了。在清代，桂林各处均有会馆设立，桂林临桂的六塘，阳朔的白沙，灵川的大圩，荔浦的马岭、修仁，龙胜瓢里乡、平乐县城等，这些客家人聚居的地方也就是会馆林立的地方，他们来自不同的地方，有"湖南帮"、"江西帮"、"福建

↑罗炽致创建的福建会馆（桂林市档案馆 供）

↓龙胜瓢里粤东会馆一角（刘道超 摄）

帮"、"广东帮"。从这个方面上说，会馆的建立者主要是客家人，从另外的角度反映出商人会馆是商业经济的产物，也体现了桂林客家商业的繁荣。桂林客家聚居的龙胜瓢里乡，有赖、温两家，嘉庆年间来自广东梅县，他们善于商业活动，专事将山货运出和广货运入的生意，渐成为当地的商业大户，后来成为倡建当地粤东会馆的发起人之一，粤东会馆旧建筑现仅见精美的石刻，仍可看出当年的豪华风采。桂林巨商罗焰致是来自福建汀州府连城县的客家人，从走信客做起，再到开办钱庄，成为桂林历史上赫赫有名的钱庄老板。而且他还在现桂林市中心广场旁的漓江大瀑布饭店处，出大钱建了一所福建会馆，为当时桂林会馆之最。

圩镇与客家商业

桂林农业、手工业商品经济的发展，促进了圩镇的兴起。而桂林客家人的商业活动带动了圩市贸易的繁荣。桂林圩镇主要兴起在桂林客家人聚集的地方。荔浦县是桂林各县中客家人最多的县，分布在茶城、修仁、青山、三河、杜莫、新坪、马岭、双江等乡镇，而这些地方过去也是荔浦主要的圩镇。不同的圩镇有不同的圩日，每当圩日时候，当地客家人就会出来赶圩，热闹非凡。灵川大圩是灵川客家人

↑民国时期有"小上海"之称的龙胜瓢里圩（刘道超 摄）

依然能看到往日繁荣景象的大圩古镇（林京学 摄）

的居住地之一，大圩是广西的"四大名圩"。大圩地理环境优越，交通便利，客商云集，为灵川县东部的商品交易枢纽，抗战时期，大圩还有"小桂林"的美名。另外，各圩镇还有各种各样的"市"，如桂林六塘是有名的麻市，临桂六塘的客家人喜植苎麻，一到圩日，六塘就成为了苎麻的集散地，是临桂中最热闹的一个圩镇。客家地区各圩镇还有米市，主要分布在龙胜的瓢里街、恭城的莲花和栗木、灌阳县城及观音阁、阳朔白沙、平乐县城及二塘等。这些米市大多是集散市场，谷米大量销售到广东。经营米的商店，大多为客家人所开，如龙胜县的瓢里街就有李贸安、张联记、潘信安、温琳记等老字号。恭城县的莲花圩，是恭城最繁荣的圩镇之一，到了民国时期，该圩镇也出现了专门的米行来从事粮食买卖。除此之外，还有很多行业，经营猪肉、黄糖、苞谷、黄豆、花生、茶叶、鸡鸭、鱼等，农副产品交易一片繁荣景象。

桂林水道与客家水商

桂林地理位置优越，历来是交通的枢纽，河流众多，水运便利。桂林境内通过湘江、漓江和桂江沟通了长江水系、珠江水系，通过湘江可达湖南、湖北等地，通过漓江、桂江进入西江经过梧州可至珠江，也可直达广州、香港等地。这就为居住在河流沿岸，特别是漓江边上的客家人从事水运贸易提供了极大的便利。因此，在桂林客家商人中出现了一种特殊的商人，这种商人我们称为水商，意思是经营水运的商人。同样以桂林灵川大圩镇毛村为例。毛村位于漓江沿岸，是黄氏客家的聚居地，黄氏家族以从事水运而闻名于漓江沿岸。该村的始祖是黄冬进，元末明初从广东潮州迁居而来，一开始从事农业生产，以捕鱼为生。但鸦片战争后，水运业兴起，黄氏家族利用水路交通便利的地理优势，族中许多人从事水运生意。其中最出名属黄秋波、黄洪吉等人。黄秋波先从毛村出来后，到大圩替人打过工，做过包子卖，积累一定资金后，在清光绪末年，在大圩开了一家名为"黄源顺"的商号，从事水运生意。他收购本地的农副土特产品运到梧州、广州等地销售，又从当地采购桂林当地紧缺物品，运回大圩销售，获利甚丰，生意逐渐做强做大，成为了"大圩四大家之首"。同样靠水运发家的还有黄洪吉。他坐镇桂林，在象鼻山南麓做竹、木生意，联络桂林至梧州的每个码头的黄家人，建立代办，生意畅达，成为当时的"漓江首富"。除此两人外，黄氏其他的族人也纷纷从事水运生意，黄氏族人的水运生意遍布广西内外。黄氏族人强大起来后，纷纷买房置地，族人遍布桂林各地。

二、桂林客家现代产业经济

　　桂林位于广西的北部，地处湘桂走廊的南端，地理位置优越，属于亚热带季风气候区，气候温和、光照充足、雨水充沛，是广西交通中心、文化中心，也是中国历史文化名城、生态山水名城，更是现代化的国际旅游名城。全市总面积2.78万平方公里，辖5个区，12个县，含2个自治县，是广西客家人的主要聚居地。桂林荣誉等身，是中国优秀旅游城市、国家卫生城市、国家环保模范城市、全国文化模范城市、中国国际友好城市交流合作奖、国际旅游博览会的永久举办地。这些都为桂林的经济发展提供了良好的环境，桂林是最适合投资的地方之一。

↓桂林阳朔白沙欣欣向荣的客家农业（莫祖波 摄）

桂林市经济发展势头良好，综合经济实力跃上新台阶。地区生产总值、财政收入实现千亿元和百亿元历史性跨越，地区生产总值由2005年的512.03亿元增加到2010年的1108.63亿元，年均增长13.5％；财政收入由51.61亿元增加到121.08亿元，年均增长18.6%。2010年与2005年相比，地区国民生产总值翻1.11番，人均地区生产总值翻1.06番，财政收入翻1.54番，工业增加值翻1.46番，旅游总收入翻1.54番。

产业结构调整取得了新成效。至2010年，三次产业结构由23.4：36.5：40.1调整为18.3：45.3：36.4。农业稳步发展，农林牧副渔业总产值突破300亿元，增加值突破200亿元，农民人均纯收入突破5000元大关。工业发展迅速，地位日益增强，完成工业总产值1263.44亿元，全市工业增加值由155.67亿元提高到427.61亿元。以旅游业为龙头及相关的服务业健康发展，质量效益显著提高，实现了旅游总收入549.74亿元。

城乡居民生活水平明显得到不断提高。2010年，社会消费品零售总额年均增长18.9%；金融机构存款余额由530.19亿元增加到1367.59亿元，年均增长20.9%。农民人均纯收入突破5000元，提前两年完成了"十一五"规划目标。

1．特色效益农业不断提升，客家农村经济稳步发展

桂林客家农业不仅是传统的产业，也是优势产业，只有以农业为基础，才能为其他产业提供物质保障，因此要坚持不懈地抓好农业生产。但现代农业不能走传统的道路，应该发展特色效益农业。桂林市也积极打造现代特色效益农业，作为农业、农村发展的根本。发展特色效益农业，就是要因地制宜，做好规划，加快农业区域、品种结构的调整，科学合理地配置资源，走农业标准化、规模化、产业化、品牌化发展的道路。

桂林客家地区正大踏步地发展特色效益农业。桂林客家地区的农业在稳定粮食作物生产、改善粮食作物品种的同时，扩大经济作物的种植，或者粮食作物与经济作物循环发展，使粮食作物与经济作物达到最大的优化。这就改变了传统的单一种植粮食作物，或者单一种植经济作物的模式，发展诸如"稻+经济作物"的循环农业模式，实现"钱粮"的双丰收。

桂林客家地区根据自身的资源优势，积极发展特色农产品种植，形成了自身独特的品牌和一大批特色农产品的生产基地。月柿、沙田柚、罗汉果、西红柿、马蹄、荔浦芋等都是桂林客家地区的特色农产品，形成了以阳朔、平乐、恭城为主的月柿和沙田柚生产基地，以临桂、龙胜、永福为主的罗汉果生产基地，以及平乐二塘西红柿生产基地、荔浦青山镇的马蹄生产基地等。一大批特色农产品生产基地的

出现，使桂林客家特色效益农业又迈上了一个新的台阶。

　　不仅如此，他们还大力发展生态农业，借助桂林旅游的优势发展旅游观光农业，融农业观光、农事体验、瓜果采摘于一体，推动农业产业的结构优化升级，不断挖掘、推进农业的经济功能。客家地区培育和发展了一批生态农业旅游的景点，如恭城莲花镇、西岭，平乐桥亭乡、源头，阳朔白沙，灵川大圩等。这些地区在发展生态农业的同时，又较好地实现了农业与旅游的结合，走出了一条农业发展的特色效益之路。

2. 集约型的客家商业

　　集约型的商业是相对粗放性而言，是指更充分、更集中、更合理地利用资源和现代技术，充分发挥自身的优势，实现以最小的成本获取利益的最大化的商业模式。商业是桂林客家的传统产业，但传统的商业存在着规模小、经济结构单一、流动性差、商业分散等缺陷。现在桂林客家商业逐渐摆脱了传统的粗放型商业，不断走集约型的商业之路。桂林客家商业出现了较大的变化，主要表现为，一是桂林客家商业由分散走向了集中，由乡村走向了城市。改革开放后，随着国家政策的改变和市场经济的发展，许多客家人纷纷从农村、农业生产中解放出来，积累一定资本后，到城市开办商店，从事商业活动，使一度停滞的商业又焕发出蓬勃的生机。二是客家人善打客家牌。客家人看到了客家资源潜在的巨大商机，利用独特的客家资源，开办了很多以"客家"名字命名的客家旅馆、客家菜馆等。三是客家商业结构的不断改变。客家商人在市场经济的指引下，主动出击，现在客家商业的行业结构、商品结构、人员结构、技术结构、规模结构等各种结构都在不断发生变化，包括经营的方式、理念等，都了发生根本的变化。传统的客家商业已经不能与之同日而语。许多的客家商业已经成为了龙头商业，引领着桂林城市经济的发展。集约型的桂林客家商业已经成为了桂林城市发展的重要因素，在促进桂林的商贸流通、方便人们生活、扩大造业、拉动消费需求等各方面发挥着积极的作用。

3. 现代化的桂林客家产业

　　桂林客家人不仅是传统产业的创造者，而且也创办和经营很多的现代化的产业。桂林西麦集团是桂林客家现代企业的突出代表。西麦集团由客家人谢庆奎于1994年创办，并正式落户山水甲天下的桂林，总部设在桂林市高新工业园区，是一家以谷物类食品、保健食品的研制、生产和销售，并集建筑装饰工程、贸易、广告宣传于一体的现代企业。

西麦集团在谢庆奎带领下，始终把"关注健康，关爱家人"作为企业使命，秉承"诚信、务实、创新、双赢"经营理念，以"燕麦精粹，精彩人生"为核心价值，遵循品牌化、本土化、国际化战略，锐意进取，持续创新，经过十多年的发展，生产出了纯燕麦、复合中老年燕麦、营养系列、核桃粉系列、礼盒系列等一系列品牌产品，形成了"西麦"健康食品品牌，成为中国谷物食品行业的杰出代表。目前，该集团旗下拥有四家直属企业和两家中外合资企业，以桂林西麦生物技术开发有限公司为核心，依托澳大利亚西麦公司资源技术优势，在全国设立了16个分公司，50余个办事处和营业所，形成了从燕麦种植到研发、生产、销售的一条龙经营模式。在未来的征途中，西麦集团将会继续发扬客家人不断进取、诚信、毅力的精神，为打造一流的国际健康品牌而努力，奏响健康食品品牌的凯歌一路走下去。

桂林客家人除了创办现代化的食品产业外，在其他行业也占有一席之地。在桂林市最繁华的中心地段中山路，在桂林南站往南的2.2~2.8公里之间，开办了很多的

↑桂林西麦集团（朱江勇 摄）

←西麦集团董事长谢庆奎（西麦集团 供）

←西麦集团的产品（朱江勇 摄）

←桂林中山南路的摩托车行（莫祖波 摄）

↑桂林中山南路的摩托车行（莫祖波 摄）

↑ 桂林俏天下家居用品有限公司（彭强民 摄）

摩托车行，有万祥车行、华强车行、大众车行、五羊—本田车行、象山天成车行摩托超市等。与中山南路相邻接的崇信路也开办了很多摩托车行，卖各式各样品牌的摩托车，形成了桂林摩托车行业的繁荣地带。根据调查，这些车行多为桂林客家人创办，桂林客家人创办的摩托车行业占据了桂林摩托车行业的半壁江山。

而桂林荔浦客家人则走另外一条不同的创业之路，从小商品做起，做出了大产业，从小衣架做出了大市场。桂林荔浦客家人从看似不起眼的衣架出发，生产衣架和经营衣架产业，为荔浦的衣架产业的发展作出了巨大贡献。荔浦于2010年被授予了"中国衣架之都"的称号，实现了从无到有，从小规模到成为"广西衣架制品生产基地"，再到"中国衣架生产基地"，最后到"中国衣架之都"的多级跳，涌现出了桂林裕祥衣架有限公司、桂林毛嘉工艺品有限公司、桂林俏天下家居用品有限公司、广西荔浦利林木业有限公司、桂林佰客喜家居用品有限责任公司等一批颇具规模和竞争力的骨干企业，还有众多分布在荔浦各客家乡镇的衣架企业。衣架行业已经成为荔浦县具有地方特色的重要工业支柱产业之一。目前，世界80%的木制衣架都产自荔浦。荔浦已经拥有各类衣架系列及配套产品生产企业126家，其中较

←广西区党委书记郭声琨（左）在俏天下公司董事长李敏道（中）的陪同下视察俏天下公司（俏天下公司 供）

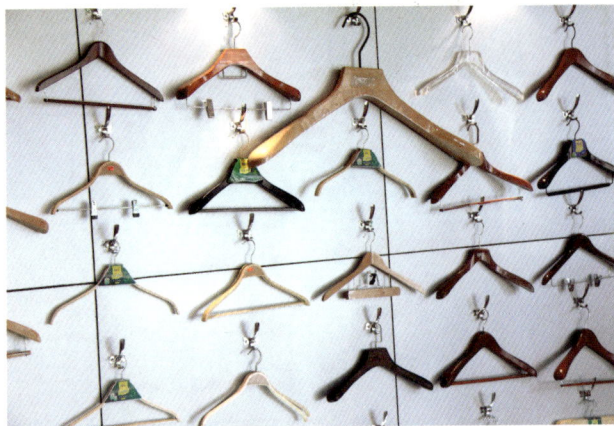

←俏天下公司生产的产品（彭强民 摄）

大规模以上企业46家，年产各类衣架约20亿只，品种达1000多个，而且90%的衣架都出口到国外。据桂林海关数字显示，荔浦衣架出口额达到5429万美元，占桂林出口商品的10%，衣架出口已成为了桂林出口商品的大宗。荔浦衣架行业之所以有那么大的发展，是荔浦客家人和非客家人努力的结果，他们将会继续努力，为衣架企业的发展壮大和桂林社会经济发展作出更大的贡献。

桂林客家人是桂林现代产业的践行者，在全球化的浪潮下，客家人及客家企业必定以崭新的姿态迎接更加美好的明天。

4.客家特色旅游经济

特色旅游经济是现代产业经济的一个重要组成部分，也是潜力巨大的朝阳产业，发展特色旅游可带来巨大的经济效益。桂林客家是一支独具特色的民系，有很多独特的文化内涵，旅游资源十分丰富和独特，在饮食、风俗民情、生活环境、群体习性、生产工艺等方面都有可利用的宝贵资源。我们可以充分挖掘客家独特的各种资源，借用桂林旅游的优势契机，发展客家特色旅游，把客家旅游做成桂林旅游的又一特色品牌。发展客家特色旅游本身就是一种发展客家经济和保护、开发客家文化的较好方式，以下谈谈桂林客家聚集地主要旅游景点、发展桂林客家旅游经济的策略和旅游业对客家经济的影响。

桂林客家聚居区主要旅游景点简介

（1）丰鱼岩。

丰鱼岩位于荔浦县三河乡东里村，距桂林市区110千米，距荔浦县城16千米，因岩内地下河盛产油丰鱼而得名。丰鱼岩是国内外罕见的溶洞。高阔的洞天，幽深的暗河，密集的石笋，汇成气势雄伟的洞穴奇观，享有"一洞穿九山，暗河漂十里，妙景绝天下"之美称，被誉为"亚洲第一洞"，是省级田园旅游度假区的主体部分，国家AAAA级景区。

丰鱼岩分旱洞和暗河两部分，旱洞长2.2千米，洞中石幔、石柱、石笋林立，黄洞风光、天堂奇观、宝塔王国、琼林宝殿、蓬莱仙境、楼兰古国等许多景点辉煌壮丽，灿烂缤纷，令人目不暇接。其中"天堂奇观"的"定海神针"之景尤为罕见，它直径只有14厘米，却高达9.8米，上下均匀，针尖直指苍穹，这样的奇观使我们不

→荔浦丰鱼岩

由对大自然的造物之奇感到惊叹。洞内暗河神秘之旅分A、B两段。A段1.3千米，有三峡两洞九重天，游人乘舟游览，两边钟乳石千姿百态，如禽似兽，栩栩如生。B段长1千米，这里有薄如蝉翼的石头、飞珠溅玉的清泉、美若彩虹的银滩。暗河中还有一个面积3000平方米的地下湖，在昏暗的灯光下，两岸朦胧的石景扑面而来，在如梦如幻的图画中游览，真是妙不可言。丰鱼岩洞内50度的温泉水来自洞内几百米深处的热岩，经专家考证，此温泉水中含有锂、锶、锌、钙等二十几种对人体健康有益的元素。当地人流传，只要洗上三天温泉水，脸上的粉刺就会减少，洗上七天，面部的粉刺全扫光，皮肤更加细嫩光泽。在这里，能充分领略大自然的神奇。

（2）银子岩。

银子岩风景旅游度假区位于桂林市荔浦县马岭镇小青山村，交通便利，距桂林市85千米，距阳朔仅18千米。贯穿12座山峰的银子岩，现已开发游程2000米，分为下洞、大厅、上洞三个部分洞内绚丽、优美的景点28处，奇特的自然景观堪称鬼斧神工，色彩缤纷而且形象各异的钟乳石石柱、石塔、石幔、石瀑，构成了世界岩溶艺术万般奇景，被世人美誉为"世界溶洞奇观"。

银子岩洞内特色景点数十处，最为著名的景观有三绝：雪山飞瀑、音乐石屏、瑶池仙境；三宝：佛祖论经、混元珍珠伞、独柱擎天。大自然的鬼斧神工在这里被展示得淋漓尽致。

同时，银子岩集自然、人文景观于一体：前有广袤的田野，俊秀的小青山、朝寨山拔地而起，使人流连忘返；宋朝英豪杨文广，抗法英雄、客家人陈嘉的传奇故事，更为景区增添许多人文色彩。

（3）深里河峡谷景区。

深里河峡谷景区位于漓江西边山脉，为阳朔遇龙河的源头，地处桂林市"状元之乡"临桂县南边山乡永平村村委，距桂林市48公里，是2005年临桂县在桂林全国旅交会上推荐的景区之一。2006年桂林市旅游局开展"玩遍桂林、投我一票"活动，这里被评为"游客喜爱的桂林景区"，被游客誉为桂林的"九寨沟"，是大桂林旅游风景区中较有原始生态特色的一个新景点。深里河峡谷长约2.3千米，峡谷两边群山环抱，幽深险静，灌木成林，河水清澈透底，瀑布飞流，有野生石崖鱼生长，怪异的石头景色让你大开眼界。深里河峡谷主要景点有聚龙潭、龟蛇出山、状元山、磨剑石、金龟石、龙脊图、仙女池以及山泉瀑布等，其中金龟石和龙脊图是目前其他风景区还没有发现的，为罕见、独特、奇观、神秘之特点。到此一游，你可以勇敢地走进瀑布嬉水，让你有一种真正回归大自然的感受。深里河峡谷集旅游、休闲、吃住、垂钓为一体，到此游览，你可以洗生态浴，观原始景，吃山里菜，住农家房。深里河峡谷是你理想的风光游览、休闲度假、康体运动、探险之旅的综合性旅游胜地。

（4）大江水库。

大江水库位于临桂县南边山乡狮子口村，距桂林市约40公里，是桂林目前较大的水利工程。大江水库建于1970年，坝高43.34米，长163米，宽5.2米，该水库是一个风景秀丽的长形人工湖，库区长4.5公里，正常水位面积2865亩，水清无污染，水库两岸松竹成林，绿树成荫，满目清翠，空气清新，还有层层丘陵和近千亩盆地，是旅游者陶醉的宁静秀丽的自然佳境，也是旅游开发和农业综合开发的宝地。

↓ 银子岩洞口（彭强民 摄）

↑银子岩风光（彭强民 摄）

桂林客家旅游经济发展策略

桂林旅游发展很好，但在发展客家特色旅游方面存在着严重的滞后，客家特色资源挖掘不够，未能利用这一有利的条件，至今没有形成发展客家特色旅游的概念及相关的配件设施，已经打造开发客家旅游的地区也是规划单一，档次低，没有形成特色。从中我们也看到客家旅游有巨大开发的潜力，我们应该采取措施加大客家特色旅游的开发。

桂林客家旅游文化节的开发。为了进一步宣传客家，提高桂林客家的知名度，发展客家特色旅游，促进客家特色旅游经济又好又快的发展，借鉴桂林发展旅游的经验，我们可以定期举办桂林客家文化节，展示桂林客家独特的文化资源，领略客家文化的独特魅力，扩大桂林客家文化的影响力。我们还可以以节会友、以节会商、以节引商，推介桂林客家的文化资源，促进桂林客家地区经济的快速发展。

↑ 银子岩景区内的抗法英雄、客家人陈嘉之墓（万里鹏 摄）

客家风情与观光旅游。桂林客家的风俗民情是发展客家旅游的宝贵资源，挖掘和开发客家的风俗民情对发展客家特色旅游有重要意义。其中，客家独特的居住环境具有重大的开发价值。客家人喜欢聚族而居，建房屋时多选择平坦开阔的地方，与其他汉民族相比更具特性，体现了客家群体的智慧和适应环境的能力。因此，桂林客家独特的民居是发展客家特色旅游的一宝贵资源，是一块未开垦的处女地。在桂林客家民居中，桂林恭城的客家民居和平乐二塘的民居最具代表性。恭城著名的客家民居是"陈家大屋"，原名叫"显巍公祠"，位于恭城县城西南，是桂北地区保留下来的唯一完好的客家土楼。而在平乐的二塘镇乡村中随处可见独特的客家民居，在民居的旁边则是绿油油的田野，构成一幅美丽的田园风景图。因此，把客家风情与观光旅游结合起来，让游人不仅领略美丽的自然风光，也进行了一番客家文化风情的洗礼。

休闲与体验式的旅游经济。旅游不仅是欣赏美丽的自然风光和领略独特的历史文化，也应该让旅游者参与其中，亲身体验客家地区的神奇魅力。发展休闲与体验式的旅游是现代旅游发展的必然趋势。这种体验式的旅游有多种多样的方式，可以发展客家农家乐，在客家农村中开展烧烤、自主野炊等各种休闲活动，也可以品尝客家农村中的特色饮食。开发农村中的渔业资源，把客家传统的养殖业与旅游业结合起来，让旅游者亲身体验吃鱼、钓鱼、娱乐等各种休闲方式。还可以利用"修学"的方式，吸引都市中的旅游者或者他们的孩子体验客家地区的农业生产，感受客家人的勤劳与淳朴。

旅游线路的开发。发展客家特色旅游，要进一步开发客家旅游线路，从而带动线路周边饮食、住宿、购物、交通、就业、招商引资等方面的发展，也促进客家地区经济的发展。开发客家旅游线路，就要开发最具有代表性、最具特色的客家文化内涵的线路。我们可以以桂林市作为出发点，开发桂林客家游线路。如我们可以开发桂林市区—灵川大圩古镇—灵川毛村—灵川熊村；桂林市区—平乐二塘—平乐张家榕津—平乐源头；桂林市区—阳朔白沙—阳朔镇等旅游线路。

旅游业对客家经济的影响

对当地居民生活的影响。旅游业的发展能够给旅游目的地居民提供就业机会，有助于增加当地居民收入，改变传统的全为农业经济的产业结构方式，加速第三产业的发展。在银子岩所在的永明小青山社区，景区聘用当地居民在到景区内上班，如景区内的清洁工人、食堂的工作人员都是小青山村民，此外，在景区内还有许多当地居民所经营的食品、当地特产和民间工艺品的小商店。由于银子岩景区的开发，小青山社区居民的生活质量有了很大的提高，公路、通信、供水、供电等基础

↑银子岩景区内的客家商人（田苗苗 摄）

↑丰鱼岩景区内的客家商贩（田苗苗 摄）

设施的完善，加强了当地与外界的交流，为当地人将本地土特产品如荔浦芋头、板栗推销出去都提供了便利。

对当地社会经济的影响。旅游业的发展对旅游地经济的促进作用是十分显著的。

首先，旅游业对旅游地带来可观的经济效益。旅游业经营的是当地的风景，不需要直接的物质产品，省去了诸如运输费、仓储费等一系列费用，也可以吸引外来资金，创造税收。现在在桂林的许多地方，旅游已经成为了当地税收的主要来源。而且旅游是劳动密集型服务业，就业门槛较低，这就使一些家庭妇女，无一技之长者都有了就业的可能，在银子岩和丰鱼岩所在的小青山村和东里村，村里的一些客家妇女在景区内工作，每天固定的时间在景区，剩下的时间还能照顾到田里的农活，两不耽误。

其次，旅游业促进了当地产业结构的调整。旅游业包括"食、住、行、游、购、娱"几个方面的内容，这样就带动了当地交通运输、酒店宾馆、餐饮业、加工制造等的发展，起到了"一业带百业"的作用，使当地摆脱单一的自给型经济模式，经济发展实现多元化。

再次，旅游作为一种传播媒介和文化交流的途径，将不同的文化传播到世界的各个角落。旅游者来到一个以前从未到过的地方，一般都会被当地的饮食、服饰、民居等所吸引，希望体验当地生活。这就为当地客家人销售客家特色产品提供了机会。在丰鱼岩和银子岩景区内游客可以买到各种客家特色的工艺品，还可以品尝到正宗的客家美食，如客家盐焗鸡、酿豆腐等。这些客家美食加工成包装精美的地方特产，和手工精致的工艺品一起充实并扩大了市场，刺激了消费。

5. 客家文化产业与礼俗经济

客家文化产业

经济的发展离不开文化的支持，发展文化产业是世界的潮流。文化产业是为社会公众提供文化、娱乐产品和服务的活动，以及与这些活动相关联的活动的集合。文化产业逐渐成为满足人们精神文化需求的支柱性经济活动，成为社会经济发展的新增长点。因此，文化产业具有广阔的发展潜力。桂林客家文化资源丰富，发展自身独特的文化产业有巨大的优势。充分挖掘、创造性整合桂林客家文化资源，大打客家牌，形成充满生机与活力的客家文化产业群，其所创造的经济效益将是不可估量的，会使客家文化产业成为桂林经济发展的一个新亮点。桂林市在大力挖掘客家文化、发展客家文化产业方面走在了广西的前列。桂林已成为研究客家文化的重要阵地，客家文化产品大量涌现，成果丰硕。2004年6月，广西师范大学成立了桂林客家文化研究所，2010年升格为研究院。该研究院聚集了一大批有名望的专家学者，在挖掘客家文化方面成果卓著，出版了《广西客家》、《博白客家》、《桂林客家》、《柳州客家》等大量的客家文化丛书，组织召开了许多重要的国际客家学术研讨会及其他活动。接着，桂林县级地区也成立相关的挖掘客家文化研究的机构。2008年7月，桂林荔浦客家文化研究会成立，成为了广西第一家县级客家文化研究会。荔浦客家文化研究会成立后，积极开展对客家历史、文化、经济等方面的研究，挖掘、弘扬客家文化，为荔浦客家文化产业的形成与经济的发展作出了较大的贡献。2010年桂林客家海外联谊会重新挂牌成立，主要进行客家历史文化研究，构建桂林与客家世界交往的桥梁，以客家文化为依托，为桂林的经济发展引进技术、资金、人才。客家企业广州华圣投资有限公司投资青狮潭镇的新镇建设项目就是一个很好的例证。

客家礼俗经济

礼俗经济是客家现代经济中非常具有特色的一种经济活动。礼俗是桂林客家人之间重要的相对固定的习俗，本身不是一种经济活动，礼俗影响着客家人的生产、生活，与客家人的生产、生活相结合，实际上又是一种很实在的经济活动，对经济中的生产、消费等各环节产生影响。桂林客家经过长期的历史发展，形成了自己的礼仪礼俗。一方面体现了桂林客家人待人处世的礼，他们有勇于开拓、善于经营、勤俭耐劳、诚信睦邻的良好品质，推动着客家经济的发展。另一方面，桂林客家在日常生活中的生活方式、风俗习惯等又能影响经济的发展。后一方面尤具特色，对经济生产与消费具有导向性作用。如桂林灵川毛村客家有"五年一小扒、十年一大扒"的划龙船礼俗，那日，各家各户端上各种贡品集体到妈祖庙拜祭，然后才举行划龙船比赛。平乐县源头客家有独特的"会期"。另外，桂林客家奉行多神崇拜等礼俗，每当这些礼俗活动来临的时候，就会带动相关礼俗商品的生产和消费。

第三章

族群的符号：桂林客家的宗族文化

一、祠堂、祖公堂

二、族谱、族规、祭祖活动

客家人向来有浓厚的宗族观，这源于他们的祖先崇拜。即便远迁他乡，这一观念亦不曾遗弃。生活在桂北地区的客家人比较推崇宗族传统，并且沿袭下来，形成了一种独特的文化现象——桂林客家宗族文化。而祠堂、祖公堂、族谱、族规家训、祭祖活动既是宗族文化的有效载体，也是体现桂林客家族群凝聚力的具体符号。

一、祠堂、祖公堂

1. 祠堂

祠堂作为客家宗族文化的物化形态，是客家人崇拜祖先的历史见证。客家人是一个尚宗追远的族群，十分重视祖先崇拜，这不仅表现在对祖先定期的春秋祭祀以及不定期的平时祭拜上，而且表现在为祖先灵魂营造的安身之所——祠堂上。客家在迁居地落籍开基立业，随着家族的繁衍和人丁的兴旺，当务之急就是营建祠堂。过去桂林各地客家大姓氏都建有祠堂，规模有大有小，有总祠有分祠。遗憾的是，在战争时期和"文化大革命"时期被毁，大多数神祠庙宇、客家宗祠尽遭横扫，顷刻之间被夷为平地，这些代表宗族文化符号的建筑损毁了大部分，存留下来的并不多了。近二三十年来，一些地方对本族的祠堂进行了修缮或重建，力求恢复原来形状。在桂林客家聚居的乡村村落中，祠堂的存在无疑是一道优美的人文景观。桂林的客家祠堂一般分为两种，一种是专门奉祀祖宗神位并举行"祭祖"仪式的祠堂；另一种是既居住人家又奉祀祖宗神位的祠堂。所以，祠堂在桂林客家人的心目当中就占据了重要的位置。

桂林客家祠堂简介

荔浦青山叶氏宗祠。荔浦青山叶氏祠堂，始建于清宣统二年（1910）。宗祠历经百年风雨，墙体风化，屋脊、屋檐泥塑脱落，梁架桁条腐朽，百年祠堂岌岌可危，再也无法承受岁月沧桑。2009年3月，荔浦叶氏宗亲积极捐款，募集善款40万元，于5月动工重建叶氏宗祠。2010年6月宗祠竣工。新建宗祠分上下两座，左右两廊，循原宗祠址向坐北朝南，建筑面积240平方米，祠堂前面增设有篮球场、羽毛

↓荔浦青山叶氏宗祠（何海龙 摄）

↑叶氏宗祠前的戏台（何海龙 摄）

球场、戏台等健身娱乐场地。

　　荔浦双江高枧钟氏祠堂。荔浦双江高枧钟氏祠堂始建于嘉庆四年，至清光绪三十年集资扩建。后岁月沧桑，年久失修，祠堂已残烂不堪。为抢救和保护前辈人留给高枧的这一历史文物古迹和文化遗产，为弘扬和发掘区域传统文化，经钟家书、钟家耀、钟家林三兄弟倡议，2006年荔浦叶氏宗亲对祠堂进行了一次修缮：祠堂外墙脚贴上大红瓷砖；把祠堂半月塘边右阶路改造成水泥路；将祠堂厨房铺上水泥地板，并建一个大饮水池。

　　荔浦荔城丘氏宗祠。荔浦荔城丘氏宗祠，坐落在荔浦县城北郊的丘家村，离城四公里，祠堂坐南朝北，上下座结构，始建于清同治三年（1864），迄今已有140多年历史。

　　咸丰末年，由恩平来荔浦的族人发起，邀请荔城、沙街、五里、龙口、黄寨等地的宗亲们聚集商议，决定建祠。派人多次考察堪舆，选中中北乡永坪村水寨屯

→荔浦丘氏宗祠（何海龙 摄）

↓荔浦双江高枧钟氏祠堂（何海龙 摄）

↑恭城莲花镇贝氏一中贝公祠堂（何海龙 摄）

↑一中贝公祠（何海龙 摄）

↑祠堂两侧房分别为"三多"、"五福"房（何海龙 摄）

一处名为"七星拜月"之地，买下水田两亩。当地百姓得知为建祠所用，遂将其余地价抬高，双方商议未果，遂放弃该地，另选上镇北乡岭松村名为"凤岗"的一处土地，名曰"飞凤下山"，立即买下建祠，择日开工，以三合土做墙基，土坯砖砌墙身，小青瓦屋面，封山墙，正脊塑双龙抢珠。祠堂前取土的洼地，改作鱼塘，同时购置水田两亩，在县城中山街购置商铺一处，做祠堂公产，其收入做每年祭祀开支。

到了20世纪40年代，丘氏宗祠的影响越来越大，除荔浦外，蒙山、平乐、榴江（现属鹿寨）等地宗亲纷前来联宗祭祖。地处农村的老祠堂已不相适应形势发展，族内宗长打算在县城内再建一座大宗祠。恰在这时，县城西南隅有一块名为"荷叶盖金龟"的公地出卖，争购者不少，丘氏以四百担谷的高价中标，该款先由丘焕元宗亲垫出，然后将县城商铺和祠堂公田出卖偿还。同时，号召宗亲赞助，另按人口派捐，每人捐谷五十斤或以工代捐，有钱出钱，有力出力。

1947年祠堂动工兴建，仍按上下座模式，三合土墙，小青瓦屋面。1948年新屋建成，次年农历三月初六日进火开光，由丘俊华老人长期看守。1949年年冬，荔浦解放，宗祠一切活动终止。根据《中华人民共和国土地改革法》，祠堂由政府征收，改作他用，后由统战部代管。

进入20世纪50年代以后，历经各种运动，不少祠堂庙宇均已面目全非，甚至荡然无存。地处偏僻的丘家老祠堂除了在50年代做过村农会外，长期空闲而得以原貌保存下来，但因无人管理，祠堂内所有物件皆已丢失。改革开放后，1988年重新恢复祭祀时，面对年久失修、萧条破败的祠宇，人人心寒，祭祀会上，丘氏族人建议共集资将祠堂重修，同年修缮完毕，翌年正月十四举行隆重的开光典礼。

恭城莲花镇贝氏祠堂。恭城莲花镇贝氏祠堂始建于1916年。为缅怀先祖遗德，感念先祖恩荫，恭城贝氏宗亲自发捐赠，于2006年再次修葺祠堂。通过擦拭神龛，油漆门窗，粉刷墙壁，疏通沟渠，加固墙基，重铺堂前场地，植栽绿树花卉，祠堂焕然一新，更显尊严。

陈氏显巍公祠。恭城乐湾陈氏家族祖籍在福建漳州诏安县二都东埔村，嘉庆四年（1799），陈家第十、十一世始祖率领数批族人，跋涉千里，聚居恭城乐湾，至今已有10代人200多年了。乐湾大屋为是"三堂制"：从大门走进去是"倒厅"，两边有房间居室，再进去是天井，天井周围有青石砌的排水沟，两侧有圆拱门，拱门外是环绕大屋的小巷子。天井进去是中堂，再进去是第二个天井，然后到供奉祖先香火的后堂。后堂大门上挂有书写着"显巍公祠"的横匾，门前立有两条8米多高的花岗岩石柱。

↑恭城乐湾陈氏大屋（宋富强 供）

桂林客家

↑陈氏显巍公祠（何海龙 摄）

↑陈显巍公祠重修碑记（何海龙 摄）

　　阳朔金宝上田墩陈氏宗祠。阳朔金宝上田墩陈氏宗祠位于阳朔县金宝乡大桥村上田墩屯。陈氏原籍为广东嘉应州镇平县石礤乡左排坑，于清乾隆四十年迁至广西省桂林阳朔金宝大水田建祠立业。传谱诗一首："临日兴怀庆见良，永明忠信定能昌。才高德大登云汉，以善贻谋有义方。业建名昭真广远，功崇增耀自宣扬。发祥光裕传宗盛，万世荣华必久长。"其后裔迁金宝乡大桥村上田墩屯落户并建有祠堂。

↑金宝上田墩陈氏宗祠（何海龙 摄）

↑阳朔金宝郭氏宗祠（何海龙 摄）

　　阳朔金宝郭氏宗祠。阳朔金宝郭氏宗祠位于阳朔县金宝乡大桥村古潭。郭氏先祖仲一（田佑）公从闽杭祝山村南迁入粤东石寨开基，为一世祖，传至十世祖魁文公，在康熙年间又从石寨三村移居湖南浏阳。嘉庆年间，十三世祖焕贤公从湖南浏阳再迁广西阳朔金宝大桥开基立业，披荆斩棘，艰苦创业，在古潭修建住房及宗祠，历经100多年。由于年久失修，宗祠门楼瓦破墙塌。郭氏后裔决定重修宗祠，重建门楼，于2001年修缮完毕。

　　建造祠堂目的是追祖德、报宗功，敦睦族谊，加强宗族的凝聚力，并更好地传承血脉、延续荣光。有人将祠堂的地位和社稷相提并论，足可见祠堂地位的重要性。桂林客家人建立宗祠先是为了供奉祖先。因而，各个宗祠均有供奉的祖先灵牌，使之成为祖先魂灵的聚集之地。

↓金宝上田墩陈氏宗祠正屋（何海龙 摄）

↑金宝上田墩陈氏宗祠正屋门匾（何海龙 摄）

↓荔浦县荔城丘氏宗祠中供奉的祖宗灵牌（何海龙 摄）

↑恭城县莲花镇贝氏宗祠供奉的祖宗灵牌（何海龙 摄）

　　祠堂供奉的灵牌颂扬了"祖德宗功"，也就成为聚宗合族的依据，而祠堂也就成为每年春秋二季同宗举行规模巨大的祭祀活动场所。这种祠堂和围绕祠堂而展开的活动具有很强的宗族伦理道德文化含义。表现为：建祠堂是为了供奉和祭祀先祖，目的是通过追念先祖的活动强化宗族观念，以聚宗合族，"建宗祠以溯本源"；"明辈分"，祭祀活动中注重强调尊卑长幼次序，不乱辈分。

桂林客家祠堂堂号

祠堂堂号，就是祠堂的名号。堂号之由来有两种：一是以该姓或其支系的总发祥地为堂号。一般是该姓人的祖先世居的地方，他们在当地大都有一定的声望，为当地人所敬仰。如见"江夏"则知黄氏闻名于两湖之江夏，见"颍川"则知钟氏、陈氏或赖氏等发源于河南颍川，"陇西堂"则为李氏堂号，如此等等。桂林客家祠堂堂号表明客家人不忘中原故土，是客家人寻根尊祖意识的体现。二是以先祖之道德文章、功业科第及家族史上的重要事件、掌故为堂号，称为典故堂号。典故堂号反映了客家人对祖先的崇拜意识与扬名显亲的社会心理。如文种堂，即张氏宗族的祖堂。典故堂号包含着生动的文化意义，是中国传统文化的价值理想在民间文化中的具体体现。

↑荔浦双江高枧钟氏宗祠的堂号为颍川堂（何海龙 摄）

↑荔浦叶氏宗祠的堂号为国望堂（何海龙 摄）

↑荔浦双江高枧钟氏宗祠（何海龙 摄）

↑荔浦丘氏宗祠在20世纪二三十年代曾经作为教育场所（何海龙 摄）

↑荔浦双江高枧钟氏宗祠堂联（何海龙 摄）

桂林客家祠堂的功能

考察桂林客家宗族活动情况就不难发现，宗祠是宗族活动的重要场所。在祠堂举行的活动往往都是通过宗祠管理人员来组织执行的。这些人员的基本来源和组成方式一般有这样几种：一种是由本宗族最高威望者自然充任；一种是由各家族轮流承担；一种是通过选举产生。不管是哪一种形式组成的祠堂管理人员，应具备如下条件：上了年纪的老人，办事公道、作风正派、肯为大家服务、有一定办事能力和魄力的人，有的地方还要求具有抄写的文化水平。

宗祠的管理通常包括如下几个内容：一是处理宗族内部纠纷。宗族内发生诸如关于建房、用水、山场、牲畜践踏作物、小孩打架等纠纷后，常诉诸宗祠，宗祠管理者就需询问调查，进行调解，直到纠纷双方达到和解为止。二是组织每年春秋两次大祭及其他祭祀工作，包括选定日子、圈定程序、筹划开支、决定参加祭祀和聚餐人员、分派具体准备工作等。祭祀是宗祠的首要大事，因而也就成为宗祠管理者的重要工作，所投精力当然也就最多。三是管好宗祠的经济收入，如接受族人捐献、祭祖活动费用公布等。四是参与族人的红白之事。族中男性娶妻，对宗族来说是"喜事"，有的地区男子娶妻需经全族同意，以示郑重，这就需要通过宗祠讨论。族中女子出嫁、寡妇再嫁或招赘时，为使宗族财产不受侵害或流失，宗祠往往要开会研究对策。

宗族人口的繁衍显示了宗族的兴旺。"添丁"，族人生男孩是宗族的一件大事，宗祠要安排相应的入宗礼仪。按习惯，生男添丁，族人应到宗祠里"报丁"，在宗祠里燃香以谢先祖之佑；宗祠管理人员则把族人新增婴儿名字记入宗祠名册上，家长还需缴纳一定数量的报丁费，用于祠堂开支。

宗祠既是宗族的管理机构，又是宗族的法庭，因此执行族规也是宗祠的一项重要活动。族内有人违反了族规，如偷窃、赌博、为非作歹、非婚通奸等，就要在宗祠召开族人大会，按族规商讨惩处办法。一经商定，就在列祖列宗前宣布执行，在新中国成立前，对于犯族规而又不改者，则给予开除族籍处分，甚至捉拿送官处理。

宗祠作为具有经济基础和场地条件的文化物化象征，具有明显的文化教育功能。桂北客家民间兴建祠堂，除了聚宗合族的目的外，还有为本家族子弟建学堂的任务。

早在上世纪20年代初，荔浦丘家、井塘两村就办了一所初级小学，就读学生三四十人，校址设在"丘氏宗祠"上座正厅内。村农会成立后，考虑到中国农民贫穷落后的根本原因就是缺乏科学文化知识，因此，决定利用祠堂内的小学课堂开办

貝氏家訓

孝敬父母	贍養老人	敬老愛幼	地義天經
夫妻平等	相敬如賓	撫育子女	一視同仁
重視科學	培育後人	敬業愛業	奮發圖強
勤儉節約	治家方針	和宗睦族	百事易成
公益事業	積極響應	異姓相處	平等待人
謙虛謹慎	大方真誠	杜絕邪道	光耀門庭
交朋結友	正大光明	婚姻自主	嚴禁近親
耕豐讀顯	禮義重仁	遵紀守法	樂于助人

↑ 恭城莲花贝氏宗祠悬挂的贝氏家训（何海龙 摄）

识字夜校，参加夜校的主要是丘家、井塘两村的妇女，教师由村办小学老师义务兼任，丘元森等亦抽空参与讲授农民运动知识，夜校因故时停时办，直到1934年小学迁往离村半里路的岭松庙为止。夜校教师先后有黄水福、何伦球（桥富村人）、林国光（龙窝人）、莫恒海（下潘人）等。

宗祠建筑本身就是一种文化的物化现象，它的建筑规模、格式包含着有向后代灌输一种文化意识的内涵，这在宗祠内的灵牌、堂联中尤为明显。宗祠内的灵牌、始祖碑文一般都是强调先祖的官、学地位。不少宗祠中还有堂联、祠联，有的祠联内容常与本宗氏的历史渊源、家族名人的崇高业绩，如道德文章、文治武功相关联，这也起到文化教育的作用。

宗祠往往又是族长向族众宣讲伦理道德、传授文化知识、进行传统思想教育的"课堂"。宗祠活动，尤其是祭祖活动开始前，族长本人或其指定的人要向族众讲述本宗族历史，宣读家规和族规，宣讲劝诫训勉之辞和先贤的语言警句摘录；或是将族规家训挂于祠堂内，要求族人遵守祖训家规，讲求伦理道德规范。

↑恭城栗木田氏祖公堂（何海龙 摄）

2. 祖公堂

除了祠堂，桂林客家人还在家宅设置敬奉祖宗的香火堂，又叫祖公堂。各户都将自家正厅辟为祖公堂供奉祖先神牌，供子孙们于四时节日和婚丧嫁娶时隆重祭祀，以示祖先的崇高地位。过去，祖公堂的设置规模因各家各户的经济条件而有所不同。富裕人家祖公堂的正中往往设置一色漆红或栗色的神龛，有的神龛还装饰有各种精美的木刻雕镂。神龛敬奉着自家列祖列宗的牌位，多数写为：

$$×氏堂上历代高曾祖\genfrac{}{}{0pt}{}{考}{妣}之神位$$

牌位两旁写有"左昭"、"右穆"，再外面为对联，一般是"宝鼎呈祥香结彩，银台报喜烛生花"之类。有些地方敬奉的祖宗牌位上书写"天地君（国）亲师位"五个大字；右为宗族先祖，书为"堂上宗祖"；左为其他神位，神位两侧即配以本姓氏或宗族的专用对联。神龛前为香案，摆设香炉、烛台，案前设有供桌，方便祭祀时摆放各种祭品。在神龛之下，还有"土地"、"龙神"之类的神位。一般人家的祖公堂，大多为用红纸写上历代祖宗之神位，各种摆设比较简单。贫苦人家，虽然没有写上祖宗牌位，但亦设法以一方小红纸贴于厅堂正中的墙上，以表示敬奉之意。

二、族谱、族规、祭祖活动

1.族谱

族谱是宗族的世系，是宗族借以区别辈分亲疏远近的依据，是宗族凝聚的核心，是宗族文化的历史沉淀。桂林客家族谱，多数修于清代至近代，今天民间重修家谱仍很盛行。桂林农村社区客家宗族中，族权已衰落，族产亦不存或很少；族规也多已不存或改型，或为乡规民约所代替，族长有的地方有，有的地方没有，为族中老人所代替，族长过去行使的族权多已不存，而主要行使祭祖合族、修订族谱、调解宗族矛盾、族人互助与公益的事务。唯独族谱，可以说在大多数农村客家宗族、家族存在的地区，多有保存，有的写得非常详细，是厚厚的一大本，直到近年，修订族谱之风还有发展。在中国这样一个特别重视家族传统和祭祖合族的国度中，族谱成为族人团结凝聚的工具，新时期编纂的族谱摒弃了封建时代的糟粕，宣传传统美德和新思想以及历史上的先进模范人物，具有教育后代的积极意义，与时俱进，与时代同步。

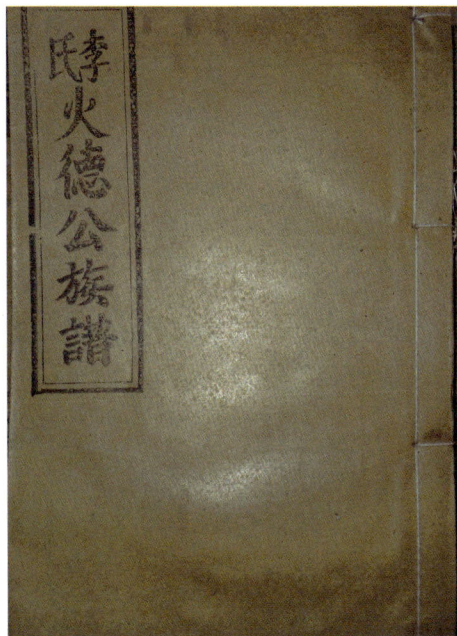

↑临桂六塘镇小江李氏族谱（何海龙 摄）

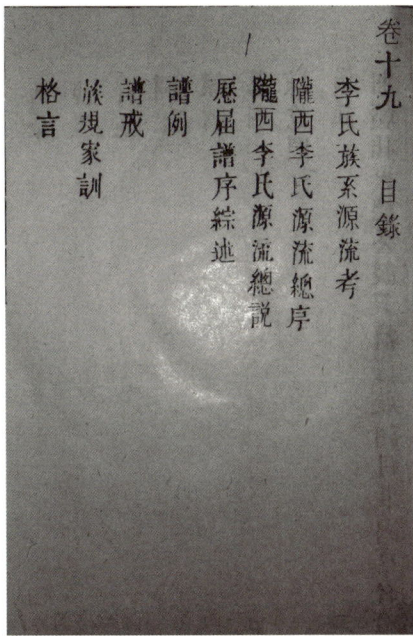

李氏火德公族谱

卷十九　目錄

李氏族系源流考
隴西李氏源流總序
隴西李氏源流總說
歷屆譜序綜述
譜例
譜戒
族規家訓
格言

↑临桂六塘镇小江李氏族谱目录（何海龙 摄）

↑临桂南边山乡永忠张氏族谱（何海龙 摄）

↑ 存放族谱的箱子（何海龙 摄）

　　桂林客家族谱是反映桂林客家民间的历史，是老百姓的历史，民间族谱强调族群血缘、血统的历史，反映本族世系的繁衍。翻阅客家族谱可以看到上面记载着家族祖居地、祖先历代迁徙线路以及家族发展等方面的情况，因而成为学术研究重要的参考依据，应值得重视。

2．族谱、族规、家训

　　族规家训是基于传统的伦理之上，借助尊长的权威，对子孙族众的道德约束，是先人向后代传播立身治家、为人处世、齐家教子思想文化的载体。它源于古人的生活实践，具有强大的教化功能、凝聚功能和综合功能，富有形象性、哲理性和一定的情感色彩。族规家训虽然不具备法律强制性，但它却具有道德舆论的约束力，比法律有更强的广延性，它能够和可能解决的问题恰恰是法律无法延伸、难以触及的问题。对于加强同族宗亲的认同感，维系家庭秩序和社会稳定，具有非同寻常的作用。到了20世纪新订的族规家训，其严苛性减弱而劝诫性增加，并也渗入了一些民主平等思想的内容。桂林客家族谱中族规家训内容主要体现在劝诫族内子弟爱国爱乡、严守伦常、遵纪守法、勤俭持家、团结睦族。可见，其较为集中地反映了客家传统文化的精神内涵。

桂林客家族规家训所反映的客家传统文化的精神内涵

孝为本。我国传统的伦理观念是以孝为本。孔子在《孝经》中说："夫孝，德之本也。"孝不但是"谨身节用，以养父母"，而且要"立身行道，扬名于后世，以显父母"。曾子在《礼记》中提到："居处不庄，非孝也；事君不忠，非孝也；莅官不敬，非孝也；朋友不信，非孝也；战阵无勇，非孝也。"也就是说，一切善的行为均由孝出发。所以，"孝、悌、忠、信、礼、义、廉、耻"，将孝字放在第一位。翻阅桂林客家姓氏族谱，诸多家训、家规都把"孝"摆在显要位置，无不体现"以孝为本"的深层内蕴。如恭城田氏族谱《家训十则》为首之则即是：敦孝弟，人伦万事，本根孝友。临桂南边山张氏族谱《家训》亦强调：孝父母。父母之德，同于昊天，人生百行，孝顺为先，跪乳反哺，物以类然，凡我族姓，孺慕勿迁。在忠孝为本的家训下，子孙后代都要恪守爱祖国、奉祖先、孝父母、睦兄弟、

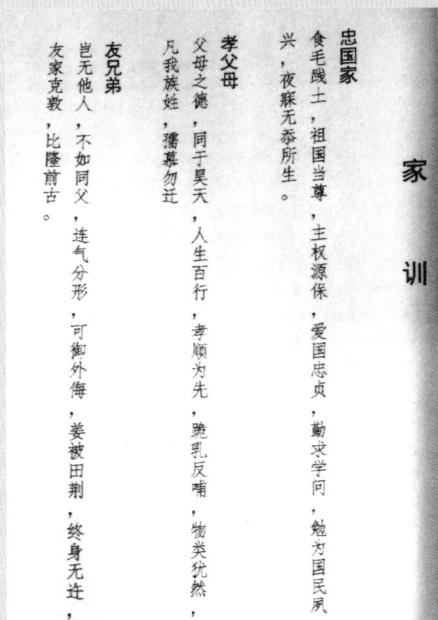

↑ 临桂六塘李氏族谱《家训》篇内容（何海龙 摄）

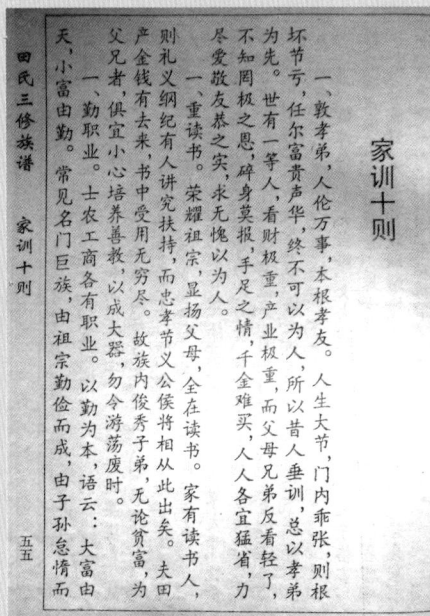

↑ 恭城栗木田氏族谱（何海龙 摄）

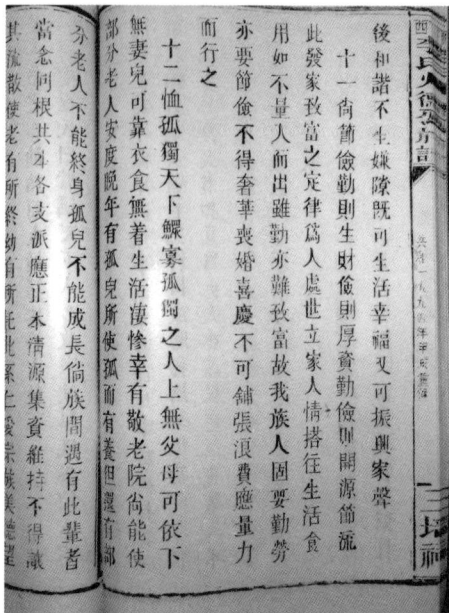

←临桂南边山张氏族谱中的家训（何海龙 摄）

信朋友、亲宗族、和乡邻、敬师长的祖训。

尚勤俭。勤俭就是勤劳节俭，包括勤奋做事和节约用度两个方面。我国自古就以勤俭作为修身治家治国的美德。古人认为：能否做到勤俭，是关系到生存败亡的大事。节俭，是善行中的大德；奢侈，是邪恶中的大恶。俭朴的德行有助于防患于未然，防止奢靡腐化等行为；在面临危难的时候，特别是在面临物质匮乏的困难时，具备俭朴的德行有助于克服危难。推崇勤俭是入桂客家人族谱家训的重要内容。勤俭首先是强调要辛勤创业，同时在家庭经济生活中节俭防奢，尽量降低物质愿望，达到俭朴持家、立业永久的目的。"量入为出"的勤俭治家之道，往往在族谱家训篇中有所反映。如临桂六塘李氏族谱《家训》中提到："尚勤俭。勤则生财，俭则厚资，勤俭则开源节流，此发家致富之定律。为人处世、立家、人情搭往、生活食用如不量入而出，虽勤亦难致富。故我族人固要勤劳亦要节俭，不得奢华。丧婚喜庆不可铺张浪费，应量力而行之。"

重视教育。在客家社会里，崇尚文化，重视教育，以兴学为乐，以读书为本，以文章为贵，以知识为荣，成为一种社会风气。所以客家宗族谱牒均反映出强烈的崇儒文化心态，要求族人以儒家的处事原则为立身之道，强调宗族的教育要造就知书识礼、忠孝双全的后代子孙，并积极鼓励培养族中子弟参加科举考试，以求得功名宦绩。这在桂林客家人族谱的家规家训中亦有所体现。

3. 祭祖活动

祭祖是客家宗族的重要活动。桂林各地客家举行墓祭时间不太固定，春祭、秋祭、冬祭者均有，夏祭

↑广西桂林黄氏宗亲谒祖团赴福建宁化祭祖（何海龙 翻拍）

↑鹿寨、阳朔、从化郭氏宗亲回乡祭祖留影（何海龙 翻拍）

少见，而以春、秋二季为普遍。春祭一般在清明前后，秋祭在八、九月，冬祭则在十或十一月，均为农历。一般而言，祭祀近祖，规模较小，多半在清明时节进行；祭祀远祖，涉及面广，规模甚大，多半在秋冬进行，因为广西冬季不冷，气候晴好，又值农闲，方便远方子侄来祭。但也有在春天举行宗族大祭者。

最近十多年，各地客家十分重视族群的联谊和汇聚，纷纷将墓祭视为联络宗亲的重要平台，尤其是一些旧祠已毁而新祠未建的地方。如桂林市临桂县南边山镇，客家族群系从江西迁来，宗祠、庙宇在新中国成立后至"文化大革命"时期全部被扫荡一空，而新的宗祠尚未建起，所以，传统信仰活动中最为兴盛的就是宗族墓祭。每年春分时节（在清明节前），各客家姓氏都会举行规模甚大的祭祖活动，少则几桌，多则几十桌。如升平村张姓，共有七房，其中两房在广东，五房在当地。近年来实行五房轮流主祭的规制，广东的房侄也赶来参加，年年都有几十桌，甚为热闹。

2011年3月29日，广西桂林黄氏联谊会谒祖团一行59人来到福建省宁化县——客家祖地寻根谒祖。谒祖团成员分别是桂林市平乐、恭城、荔浦、阳朔四个县的黄氏宗亲代表。在宁期间，广西桂林黄氏联谊谒祖团先后到宁化县淮土乡黄化公祠、客家公祠玉屏堂和河龙明珠黄化公墓前举行隆重的祭拜仪式。他们一看到"化公古祠"，便三步一跪，到化公神位前，纷纷取出从广西带来的香烛纸钱焚烧，集体祭拜，虔诚祭拜先祖，缅怀先人，并向化公古祠赠送"族裔永固，振兴中华"的锦旗，受到当地黄氏乡亲的热忱欢迎。

客家黄氏始祖化公为宋初黄氏119世黄峭山公第九子，自邵武迁居宁化龙上下里石壁村，其后裔黄元吉从宁化迁居漳州市平和县，黄元吉第三代后裔黄光质从漳州迁广东婺南县东坝乡，黄光质儿子黄廷玉、黄昆玉、黄鸣玉迁广西桂林，至今已在桂林繁衍15代。

第四章

传承与变迁：桂林客家的文化风俗

一、人生礼仪与生活礼俗
二、宗教信仰与神灵崇拜

人生礼仪与生活礼俗

1. 人生礼仪

"人生礼仪"又称生命礼仪，或叫"通过仪式"，指的是人在一生中几个重要的环节上所经过的、具有的一定仪式的行为过程。桂林客家传统的人生礼仪主要包括以下几个方面：诞生礼、婚嫁礼仪、寿礼以及葬礼，这些礼仪作为一种精神食粮维系着社会与人的希望。

生育习俗

生儿育女是人生的一件大事，桂林客家人对此非常重视。妇女在怀孕期间，家里人对孕妇非常关心，一方面要减轻孕妇的日常家务劳动，另一方面要给孕妇改善饮食，增强体质，如经常给孕妇炖各种营养汤：白果老鸭汤，生姜鲫鱼汤、淮山老鸡汤等，还会为孕妇购买各种滋补品，如核桃、红枣、杏仁等。

婴儿一出生，主家的父亲就要带上鸡、姜、酒等礼品向岳父家报告喜讯，称为"报姜酒"。另一件重要的事情是到宗族的祠堂摆上鸡、肉、水果等供品，点上香烛、焚烧纸钱、燃放鞭炮，向列祖列宗报喜。

婴孩诞生之后，从诞生之日开始算起，在一年内要为他举行三朝、满月、百日和周岁等仪式以表示庆贺。

婴孩出生后第三天，桂林的客家人都要给婴儿"做三朝"。祖母用柚子叶煮水，给婴儿洗澡，以除去婴孩身上的晦气。主家在这天还要准备红鸡蛋和一些甜酒、汤圆、糖果招待来客，并设宴谢客。不过在桂林区域内的客家村落中，也有给婴孩过"十二朝"的，等到孩子出生满十二天后，孩子的外婆家就会派人过来探望婴孩，同时带来营养品过来给产妇补身子。

婴儿出生一个月内，由于身体原因，产妇一般不出门，也不能接触水，要老实地待在家里"坐月子"。一个月后，孕妇身体基本恢复，婴儿也逐渐地开始适应环境，主家就要张罗着为孩子做满月，也叫作"出月"。在孩子满月这天早上，主家要准备好祭品，一般由孩子的祖父抱着孩子对祖先行祭祀礼仪，并当众给孩子取一个吉祥如意的名字。此外，还要抱着婴儿到门外转一圈，让他见见世面，不怕陌生环境。而孩子的外婆要给孩子送上包被、背带、婴儿车以及衣服、裤子、鞋帽等全身衣物。在满月宴会开始之前，主家要给来参加宴会的亲朋好友准备好甜酒。在桂林客家地区，经常还会在甜酒里加入酿好的桂花酒，除了加强甜酒的香郁之外，另外有象征吉祥富贵的意思（因为桂与贵同音）。喝完满月酒之后，主家要给来参加宴会的客人每家送一个红包"利市"，另外还要搭上八个红色的糯米糍粑，桂林客家地区叫"红印粑"。

等到孩子长大满一周岁时，家里人要为孩子做"对岁酒"。亲朋好友都会来庆贺，长辈会给孩子进行一项预测，主人将文房四宝、尺、线等物让小孩随意抓取，观察其所好，初步鉴定其智愚，俗称"抓周"。

另外，也有的一些地方是给孩子做"百日"的。百日那天也要摆上酒席，宴请来贺喜的宾客。

在桂林客家地区，如果生的是男孩，还要进行"上丁"之礼，俗称"上灯、添灯"。"上灯"要在孩子出生后的次年正月初六，孩子的父母要准备好果品和用糯

→荔浦客家人婴儿满月酒汤圆

米做成的"油堆"，要尽量赶在天亮之前把它们分给亲朋好友。熟睡的亲戚们对此"打扰"非常高兴和欢迎。在那天，孩子的家人会带着孩子到家族的祠堂去祭拜祖先，以希望祖宗保佑其平安成长，并且还要把一个大灯笼挂到祠堂的横梁上，以示族人有人家里添男孩了。仪式完毕以后，就要在家里设宴款待宾客，一般是同族比较亲的人才宴请。

在一些地方，父母在孩子出生后要给他算八字，看下孩子命里五行是否有所缺失，缺的话就要在名字上做出一些补救，另外，如果孩子的命与父母的命相相克，或者孩子出生在比较特殊的日子例如社日、观音诞等日子里，家长就会给孩子找契娘或者契爷辅助带养，让其更容易平安成长。

婚嫁礼仪

桂林客家结婚礼俗，多是传承汉族传统文化，虽然现代社会提倡自由恋爱，但在客家地区婚嫁还有很多是采用传统的方式。

首先了大概解女方家庭情况，叫媒婆到自己中意的女方家进行"说媒"，媒人要全力把女方的父母或长辈说动，如果女方家长觉得男方和自己的女儿在性格、知识品德和家庭条件上还般配的话，那么就会自己的想法传给媒婆。

男方经过大致了解而且女方家又同意了以后，就会请媒人择取吉日去女方家请取年庚八字，将其放到家里的祖宗牌位下或者是家里的门上，三日内家里如果没有大小等不幸事情发生，就将男女双方的生辰八字用红纸写下，请乡间邻里的算命先生推算八字的相生与相克。如八字两个人相合，那么男方家就会叫媒人携带一些礼品前往女方家报喜。

合过八字以后，就进入定亲阶段。通常是男方准备好礼品和礼金，通过媒人带给女方，男方则要选择吉利的日子，提前告诉给女方，以准备结婚大事。结婚前，要进行"过礼"，即男方派人将帖子和礼金等聘礼送到女方家。过礼的数目要用偶数并带有吉祥意义的数字，如2、6、8等。

到了迎亲那天，男方家要请来鼓手，燃放鞭炮。用过早饭以后，男方就会带着同宗族的未结婚的男青年组成迎亲队伍，带上礼品（如一担粑粑、鸡）前往女方家。由于交通工具的改进，以前的抬花轿都变成了现在的开小轿车，迎亲的车要用红纸装饰，贴上喜字和红纸、婚花。迎亲队伍浩浩荡荡地来到女方家，要在女方家门口燃放鞭炮，以示迎亲队伍已经来到。这时，女方家会派人出来请迎亲队伍进屋。准新郎进屋后，首先要拜见女方的长辈和父母，感谢他们的养育之恩，接着给其他亲戚递上好烟、好酒，表示恭敬。而女方要在迎亲的这天用柚子叶水沐浴，整理好辫子，穿戴好新娘衣装，由未结婚的同宗姐妹或者好友陪伴，中午以后与男方一起离开本家。在离开之前，出嫁的女儿一定要在自己母亲和众亲戚面前哭泣，不管真实感受怎样，一定要表现出对母亲的感恩和依依不舍之情，哭泣中要落泪，假若不落泪的话，众亲戚就会在旁边说你是个不孝顺的女儿，对父母没什么感情，白养大了。哭嫁完毕，女方由未结婚的姐妹以及好友陪伴，坐上迎亲车前往男方家里，万一在途中遇到其他人家的新娘迎亲队伍，那么出嫁的两家女方就要互换手帕和红包，避免冲喜。

　　快到男方家时，男方家要在门口燃烧鞭炮，迎接送亲队伍，准备一盆炭火或者火炉，女方下车以后，要跨过火盆，象征婚后的日子红红火火。这时男方家把红色的花生、巧克力等糖果散在新娘的头上。这些花生糖果，象征甜甜蜜蜜，新娘早生贵子。参加婚礼的小朋友们迫不及待地拾起这些糖果，放进自己的衣袋里。进屋以后，就是夫妻拜堂，拜堂完毕，婚宴开始，新郎新娘则要给参加婚礼的亲朋好友敬茶、敬酒。到一定时间，亲朋好友就会簇拥着新郎和新娘进新房，闹起洞房，让新郎新娘做各种游戏，欢声笑语，直到深夜。三日后，新郎准备礼品，随新娘一起回娘家，拜见岳父母，称之为"回门或转门"。至此，婚礼的整个过程才可以说正式

→桂林恭城客家人婚宴（赖立兵 摄）

→桂林恭城客家人婚礼（赖立兵 摄）

结束了。

庆寿礼仪

庆寿，俗称做"生日酒"，桂林客家人与各地的习俗基本差不多，每年做一次小生日，十年做一次大生日。按照本地客家习俗，一般要到了六十以上才可以做寿酒，做寿要么逢十，要么晋一。做生日要吃长寿面和荷包蛋、寿桃，寓意寿比南山。

祝寿时，亲朋好友前来庆贺，亲戚要送衣帽、鞋袜，从头到脚一整套以及红包等。儿女为父亲做寿，同时也要给母亲送上一整套，此外还要送来寿轴、喜炮、寿烛、公鸡以及寿桃、寿面、寿饼、寿酒、寿肉等。其他一般亲友送寿幛、寿联，寿屏以及礼金等。贺寿的亲朋好友都要向老寿星恭贺，祝老人家身体健康，寿比南山。

桂林部分客家有一个特点，就是如果家中有比你年长的父辈或和同胞兄弟健在的话，即使到了做寿的年龄，也还是不可以做寿。这体现了中华传统文化中的尊长有序的原则。

丧葬礼仪

中国的传统文化对丧葬礼仪是极其重视的。民间认为，凡间生命的死亡就是阴间的开始，给死者举行丧葬仪式，既表达了对死者的沉痛哀悼、思念，更为重要的是，通过这个仪式，让活着的人重新树立起对生活的希望。桂林客家也是如此。桂林客家人的丧葬仪式一般包含如下几项活动：

初终。在人将死或刚死的时候，家人要通知在外的儿女回家，争取见上死者最后一面。人死后，把死者移出厅堂，安置在铺板上。

饰身。人死后，死者的直系亲属要用烧好的柚子叶水给死者沐浴，帮其擦洗全身，还要剃头。接着就为死者穿上寿衣，使之容貌清洁、庄重。

报丧。现在城市报丧的方式，一般为印发讣告，告知亲朋好友死者的姓名、生死年月日、入殓及出殡日期、时间，孝子孝女名字等内容。而在农村的客家人则派人去外家通知，报丧是不能入屋的，怕把晦气带进宅，所以只能站在门口外报。如果不小心入屋了，则要拿鞭炮去放，除去晦气。

含殓。入殓前，要把棺材清扫干净，用稻草烧成灰，有些地方直接放谷草，把谷草灰或谷草装入棺材底部，然后铺好寿褥、寿被。寿褥上要放七枚银币或者七枚铜钱，俗称"七星垫背"。接着长子抬头，其他亲属抬身、手、脚，将逝者放入棺材，然后盖上棺材盖。除了放七枚铜钱或银币，逝者亲属还会给其含饭——民间认为，死者口中含饭入殓，到了阴曹地府才不会挨饿。另外还要给死者的两手放入饭团和打狗棒，据说阴间有恶狗，饭和打狗棒都是对付恶狗、保护自我的武器。

设灵戴孝。入殓之后，便设灵堂于祠堂正厅，将灵柩停放于厅堂中，按照男左女右的顺序放好。然后立灵牌、设香供，在棺材下面点上长明灯，在灵桌面前供上果品，供亲朋好友以及各方宾客吊祭。古代孝服分五服，为斩衰、齐衰、大功、小功、缌麻等，而今在民间多为简化，客家地区也不例外。孝子、孝孙等要戴全孝，身穿白布孝衣、头戴孝帕，束腰穿绳，手持孝杖，所谓"披麻戴孝"。而其他亲属则多佩戴一块孝布。

守灵堂。逝者的亲属要为其守灵，守灵人要定时供饭和添加酒水，还要照看长明灯，不定时添油，不让其熄灭。有客人来吊唁，逝者的女儿要陪着客人哭，不管真哭还是假哭，尽量表现出心中那种失去亲人的痛楚心情。在桂林客家地区，在守灵等待出殡期间还有闹丧的习俗。闹丧就是请戏班子、鼓手来家里来唱大戏，一般会请一些当地比较有名的彩调剧团来表演，表演内容多与丧葬有关，如"孝子哭灵"、"儿女探家"等曲目。

闭棺辞灵。闭棺又叫闭殓、封棺等，就是用铁钉把棺盖钉死，然后贴上灵符。一般是出殡前才闭殓。闭棺前要揭去死者蒙面的布，举行辞灵仪式，辞灵就是跟死者见最后一面，亲人们围在棺材四周，与遗体告别。一般是由道士引领着孝子们绕着棺材，瞻仰死者仪容，表达永不能见的悲痛和不舍之情。

吊祭点主。出殡前要进行大祭，由村里有名望的人宣读祭文，用低沉悲恸的语

↑荔浦县青山镇的客家人墓地（宋富强 摄）

调讲述死者一生的功德。祭文写得情深义重,孝子们听罢一片哭声。在司仪的领导之下,孝子上香行四叩首礼。在出殡下葬前要由司仪主持点主,"点主"实际上就是替死者牌位开光。男子死由祖叔来点主,女子死由外家来点主,均要按照司仪指定的步骤完成。

出殡下葬。出殡又称登山、归山。出殡前,要由道士选择好出殡的时间,出殡当天的时辰不能与死者的生辰八字相冲,如有相冲则另择出殡时间。此外还要由看地先生选择好的风水宝地,在出殡前把金井(即坟坑)挖好。送葬时,依照传统外家人不送葬,由长女婿端着"钱粮"与鸡,拿着幡,走在最前面,撒纸钱,之后有人专门负责燃放鞭炮,男长孝子捧灵位及祭幛走在棺材前,棺后是鼓乐、其他孝子孝女以及送葬亲友。抬棺材一般由八人或者十六人,中途不能停棺,不能让棺材直接接触地面,如果离金井实在太远的话,停棺时,要用两张四腿长凳绑在棺材上,这样就可以避免棺材触地。亲友一般送到中途即返回。棺材抬到"金井"旁,要先"暖井",即要杀鸡和烧纸钱祭井,之后把棺材放入井中,孝子孝女先埋土,其他人再埋。埋土堆好坟以后,孝子孝女们不能走原路返回,必须走另一条路。在桂林客家地区,有带坟土回家的习俗,坟土只能由媳妇带,她们飞快地奔跑,争取第一个跑回家,俗称"争英雄"。民间认为这样死者灵魂能庇佑降福,谁第一个回到家,那么祖先就最保佑该家。因为人们认为人虽然死了,但灵魂仍然和活人一样有情感。孝子孝女们返回村里,不能立即进入自己的家里,要先去祠堂用柚子叶水洗手,然后跨过燃烧的稻草堆除去晦气。除去晦气以后,前来参加"白酒"宴会的亲家会给孝子孝女们发红包和红毛线,象征红红火火。出殡当天下午,孝子们还要拿上铲子、锄头等工具再去为刚埋好的坟培土,整理好坟堆。

做七。在桂林客家,一般兴做"五七"。前面的四个"七"由孝子做。每个"七"都要进行小祭。到第五个"七"的时候,这时主要由出嫁的孝女们回来操办,操办完毕,把灵位牌移入祠堂。

捡金。与别地安葬逝者要堆坟茔、立墓碑不同,客家人第一次只是草草埋葬死者,不竖墓碑。而在三年五年或者更长时间后,再举行隆重的改葬仪式。这就是所称的"二次葬"、"迁祖"。

首先择定改葬的风水宝地,于农历八月初一请来道士师傅,在焚香祭拜一番之后便掘墓开棺。若见土色黑湿,遗骸将靡,即在油纸雨伞的遮盖下,一一捡拾遗骨,并用山茶油拭擦干净。此谓把长眠地下的先人"牵起来"。随后,将遗骨按人体的结构,屈肢装入俗称"金坛"的缸状陶瓮里。最后,将写有死者姓名、生卒年月日的盆形圆盖反扣在金坛上,再用砖块、三合土、水泥等砌建永久性的坟地——

↑临桂县南边山乡的客家人墓地（宋富强 摄）

客家人称为"做地"。

关于客家人二次拾骨葬的由来，很多人认为，客家人本为中原居民，后因躲避战乱而不断南迁分不开。他们不论迁往何处，必由男子用陶罐装上祖先遗骨同行，待定居后再择地另行安葬，以免远徙他方，无法返回故里祭坟。

客家人行二次葬时，还看重是否能为祖宗坟茔觅得风水宝地，并认为这与子孙后代的兴旺发达关系甚大。客家坟地，大多依山势斜坡而筑，后高前低，十字合围，其形状宛若罗圈形的靠背椅。客家的所谓的风水宝地，基本意义有三点：一是要有龙势，即山岭的脉络，发脉雄壮，奔腾有势，落颈俊秀灵活，结基丰实、宽敞。龙势主人丁兴旺。二是要有局，即对景罗列各峰，湾环回托，或旗或鼓，或印或案，皆应为基地的用臣。局主功名。三是要有水，即基地前面有对逆的江河，但江水又不是直冲基地，而是水口回环带水，水主财路。

值得一提的还有碑文的谥称。依照惯例，男性墓主称"公"，女性墓主则尊为"孺人"。孺人本是古代对大夫、官员的母亲或妻子的尊称，而客家妇女不论贫富贵贱，死后皆称为孺人。

在桂林一些客家地区，80岁以上的老人去世以后，要把丧事当做红喜事来操办，孝家、灵堂、祠堂要贴红对联，这是所谓的"挂红"。人们在丧宴结束之后将丧家的碗偷偷带走，谓之"寿碗"，有些人不仅拿寿碗，而且拿碟盏，此举主家并不责怪，反认为"有福有寿"。有的人宴后向主人讨要寿碗，也有主人主动赠宾客"寿碗"，使受赠者沾长寿者之福，俗说有"延年益寿"之兆。在阳朔的一些客家村寨，在丧宴结束以后，就有以寿碗赠送亲朋好友的习俗。

2. 日常生活礼俗

衣饰

客家人自古有勤俭持家的好品德，桂林地区的客家人在日常穿戴方面非常的俭朴，即使衣服破旧，也要继续穿着，只要干净整洁就好。桂林地处广西东北部，冬天最低温度经常会下降到零度以下，因此桂林客家人一件棉袄经常穿上十几年也舍不得换。清代和民国时期，衣料多为青、白各色粗布。女式多为对襟短衣，男式服装主要为大襟和对襟两种。男女均穿折腰裤，戴的帽子主要是猴帽。在桂林客家人多穿草鞋外出干农活，方便行动。木屐则是在休息时穿，客家人极少穿棉鞋之类的高档品。妇女经常要戴银或铜的手镯和脚镯，出嫁的女孩还要准备好发簪和发钗等作为嫁妆。

新中国成立后，随着生产力的进步，国民经济快速发展，人民生活水平得到巨大的提高，客家人告别了粗布麻衣，穿上了各式各样的衣衫。人们已经开始不满足于穿暖的要求，漂亮、时髦、高档、品位越来越受到人们的追求。此外，很多客家女孩出嫁也像城里人一样需要戒指作为定亲礼。

饮食

（1）桂林客家饮食特点。

桂林客家人的饮食与桂林的汉族或少数民族地区有相同或者基本相同之处，但由于桂林客家所处的地理环境、风俗习惯、历史传统等自然或人文地理方面的原因，又使其饮食有鲜明的民系个性和地方特色。

桂林客家菜肴特点的形成，跟客家人的生活环境、生活水平、民族融合都有很多的关系。桂林客家人迁到桂林来的时候，桂林的好山好水好田基本上都被土著居民占完了，留给客家人的是穷山恶水、深山荒原，如桂林客家人聚居的临桂六塘、南边山和阳朔的金宝乡一带，原是桂林人烟稀少的山区。客家人进入桂林后，必须开辟田亩才能生存，而为了能更好地适应艰苦的条件和剧烈的劳动，需要补充因劳动而消耗大量的热能。因此，他们吃的菜肴多用煎炒，多用香辣，这样的菜肴"味

→临桂南边山客家人制作的头菜（刘道超 摄）

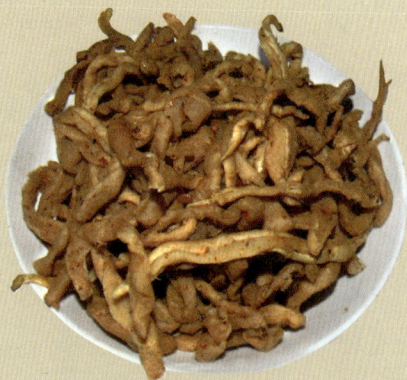

→临桂南边山客家人制作的咸萝卜干（刘道超 摄）

香、耐饥、耐寒"。

　　长期的艰苦劳动使桂林客家人一年四季备有各类干菜、腌菜等，尤其喜欢酸辣，自制豆酱、辣酱、腐乳、盐菜等，这些菜耐吃，可以存放较久。可见，桂林客家的饮食口味有"咸、辣、香"等特点，正是桂林客家人征服恶劣环境的结果。

　　另一方面，桂林客家人来自四面八方，有福建、广东、江西、湖南等地，每个地区的饮食都各不相同，桂林土著居民的饮食也与其他地方的饮食不同。因此，桂林客家人的饮食既有自身传统的特点，又吸收了各地与聚居地土著的饮食特色，丰

↑酿菜——茄子酿（莫祖波 摄）

　　富了客家人的饮食，形成了自身特色的饮食。桂林客家饮食酸、甜、苦、辣、咸五味俱全而又独具特色。桂林客家人的食物种类极为丰富，但一年四季，皆以稻米为主食，除此之外，番薯、芋头、玉米等作为桂林客家人的重要辅助主食。过去贫苦的桂林客家人常常没有米饭可吃，把番薯、芋头等杂粮作为主食。此外，豆、麦、粟等作物也是桂林客家人的食物构成。

　　桂林客家人平常吃的食物，除了主食、辅助性主食外，副食品还肉食、蔬菜、瓜果之类。除猪肉外，桂林客家吃的肉食还有鸡、鸭、鹅、鱼、蛋等，平常人家中多喜欢自己饲养鸡、鸭、鹅，除了卖之外，年节或者客人来时可以宰杀。桂林客家人还喜欢食狗肉，狗肉味道鲜美，有"狗肉滚三滚，神仙站不稳，闻到狗肉香，神仙也跳墙"的民谚。过去桂林客家人不喜欢食牛肉，因为牛是耕田的法宝，客家人爱惜耕牛，但现在越来越多的客家人一样喜欢食牛肉。桂林河流、池塘众多，鱼类丰富，有人工养殖的，也有天然河流中的，丰富了客家人的饮食结构。

桂林客家人吃的蔬菜种类繁多，有白菜、芥菜、萝卜、生菜、菠菜、茄子、豆角、辣椒以及各种各样的瓜等，春夏秋冬每个季节都有不同的鲜活蔬菜，郊区外的客家人习惯在自己后院或者田里种上蔬菜，自产自销。

（2）桂林客家的特色佳肴。

桂林客家特色菜肴丰富，品种多样，色味俱佳，令人回味无穷。桂林客家比较有特色的佳肴有酿豆腐、灵川狗肉、大圩蛋面、猪肚煲鸡、荔浦芋扣肉、拔丝芋头、酸汤鱼生、酸笋炒酸肉等，此外还有许多传统风味小吃。

客家酿菜。 酿菜是著名的客家美食佳肴，也是桂林美食之一，在桂林有"十八酿"，以"平乐十八酿"最为出名。有豆腐酿、田螺酿、柚子酿、竹笋酿、香菌酿、蘑菇酿、南瓜花酿、蛋酿、苦瓜酿、茄子酿、辣椒酿、冬瓜酿、香芋酿、蒜酿、番茄酿、豆芽酿、油豆腐酿、菜包酿等。酿主要是把各种调料加入猪肉馅

→酿菜——苦瓜酿（莫祖波 摄）

→三角豆腐酿（万里鹏 摄）

↑荔浦芋扣肉（莫祖波 摄）

↑白切鸡（莫祖波 摄）

里，再填入豆腐、田螺、柚子皮等所要酿的菜中，蒸、焖至熟即可。每个酿菜芳香四溢，口感十足，让人留恋往返。

灵川狗肉。狗肉，也称"地羊肉"，味道鲜美，有较高的食疗和药用价值。桂林客家人不仅保留了中原吃狗肉的习惯，而且喜欢吃狗肉，会吃狗肉。狗肉中的上乘当属灵川的狗肉，灵川的狗肉色泽鲜艳，香气浓郁，口味极佳，有"好狗不过灵川"的民谚，更有"天下第一美味"的美誉。灵川狗肉烹调工艺独特，选狗、宰狗、切狗、烹狗、吃狗，每一步都有讲究。就连吃法也是多种多样，有红烧狗肉、白切狗肉，有干锅狗肉、汤锅狗肉、焖炖狗块等。

大圩蛋面。大圩蛋面是桂林客家的特色食品，至今已经有近百年的历史。大圩是桂林灵川的一个古镇，是灵川客家人的重要聚居地，因在大圩生产的蛋面最好，所以称为大圩蛋面。俗话说"桂林米粉大圩蛋面"，可见大圩蛋面的出名。大圩蛋面条选用上好的面粉、鸡蛋为原料，制作手工精细，条丝薄细，均匀，耐煮味美。大圩蛋面以客家人刘广兴名字命名的刘广兴号生产的蛋面为上品，畅销桂林、梧州等各地。因此，到大圩一定要尝尝客家人的大圩蛋面，会让你回味无穷的。

荔浦芋扣肉。荔浦芋扣肉是桂林客家人的一道传统特色名菜，无论是逢年过节还是婚丧嫁娶，必不可少，几乎每家每户都会做。荔浦芋扣肉是用荔浦芋与带皮的五花猪肉制成，至今已经有200多年历史了，成为了桂林客家人最喜欢的一道佳肴。荔浦芋扣肉色泽金黄，芋片肉片酥松爽口，肥而不腻，浓香四溢。其做法是先把带皮的五花猪肉切块煮熟沥干水分，把荔浦芋切块及各种佐料调好，然后把切片的荔浦芋放进油锅中炸，至金黄色后取出，然后与五花猪肉间排放入碗中，五花肉中带皮部分向下，把弄好的调料一起放入碗中，放入锅中蒸熟，一个小时即可取出，翻扣入另一碗中。把扣肉碗中的汁倒出，放进锅中配合一些佐料煎煮，几分钟后取出，倒进扣肉碗中，这样一道鲜美的荔浦芋扣肉就成功了。

扒丝芋头。荔浦芋不仅可以做荔浦芋扣肉的经典配角，也可以独立门户，充当主角，做成很多的特色佳肴，扒丝芋头就是其中一种。桂林客家人做的扒丝芋头香甜十足，松脆爽口。做法是将切好的荔浦芋裹蛋青或者淀粉后，放入油锅中炸，炸至芋头金黄色时捞出，浇上糖汁，或者把捞出的芋头放进有糖的锅中翻炒。吃的时候蘸一点清水，把糖丝切断，放入口中，令人欲罢不能，真是人间极品。

白切鸡。白切鸡由客家人带入，是桂林客家人喜欢的节日饮食与宴客佳肴。取料为家居饲养的阉鸡或未下过蛋的雌鸡，宰杀干净后，在腹腔内抹盐，放入姜，整只放入白水中煮，直到没有血水即可捞出切块，辅以姜、蒜、葱、香菜、酱油、豆腐乳、辣椒酱、盐、香油等调成的佐料。桂林客家的白切鸡与别地的不同在于其有豆腐乳和辣椒酱做佐料，吃起来鲜美脆嫩，其味隽永。

　　猪肚鸡。猪肚鸡又名"猪肚煲鸡"或"猪肚包鸡"，是桂林眼下较火的一道客家菜肴，带有明显的粤味风格，可见一部分桂林客家人是由广东迁入，受到广东饮食的影响。猪肚鸡就是用杀好洗净的猪肚把处理过的生鸡包住，放入配置的烫料锅中，煲熟取出，然后把猪肚和鸡切好，放回原烫锅中滚烫，几分钟后即可食用。食用前蘸辣椒酱，更别有一番风味。猪肚鸡不仅味道鲜美，而且有祛病强体、养生保

↑酸汤鱼生（李天雪 摄）

↑ 酸笋炒酸肉（李天雪 摄）

健之功效。

酸汤鱼生。做法是把的活鱼切片，并在上面撒上芝麻、香菜、花生米制作而成，吃时需佐以特制的酸辣汤。

酸笋炒酸肉。做法是将肉放到酸坛中加以腌制，待酸味渗透到内部后，与事先准备好的酸笋一起爆炒。

除了上述特色菜肴，桂林客家还有许多传统的风味小吃：

牛筋糕。牛筋糕是用糯米粉、白糖加入肉末制成的带有很强韧性的软糖，可以用刀切成小块，耐嚼。

红薯干。制作红薯干，首先选择一般红薯，去皮，然后用水浸泡半个钟，去涩味。再则把红薯切成条，放入蒸笼中蒸至八成熟。最后把蒸熟的薯条晒干即可。

油堆与糖环。油堆与糖环都是用糯米制作而成，

↑桂林客家做的印子粑（未熟）（莫祖波 摄）

制作过程基本一致。先把糯米打成粉，然后取一部分放入锅中煮成很有黏性的粉团，俗称"粑粑娘"，把其他生糯米粉与"粑粑娘"和成一团。把和成生粉团掐成一个个圆形，放入油锅，待发黄后，捞出油锅，趁热撒入芝麻即可。如把生粉团先弄成条，然后绕成环形放入滚烫的油锅，就可以制作成糖环。

糍粑。糍粑是桂林客家人喜欢的食物，是逢年过节和日常生活中常食的食品，几乎每户客家人都会做。糍粑制作工艺精细，将糯米浸泡后蒸熟，倒入木槽或石臼中，用力杵打，直至糯米饭全融成泥状，然后取出糯浆，做成茶几大小的扁平圆块，放入蒸笼蒸熟而成。但一般会在糍粑中夹入芝麻、白糖为馅或者夹入其他食物为馅。这样其味更佳，口感细滑沁甜。做好的糍粑也可以油炸、水煮，还可以做成各种各样的形状，打上各种颜色花纹，不仅味香而且好看。同属于粑类的还有很多种，印子粑是较被人喜爱一种。印子粑与糍粑是同类米制食品，但制作过程还是有所不同，它是用糯米粉做成的。印子粑有甜咸两种，甜的加入糖，咸的加入盐，然后加入水与糯米粉用力揉搓，直至柔软后，捏成茶几大小的饼状，夹入芝麻或是花生为馅，然后用印有图案的粑盒来印图案，用叶子垫好，放到蒸笼中蒸约一个小时即可。

油茶。油茶在桂林客家人眼中已经成为了一道特色美食。桂林各地客家人皆

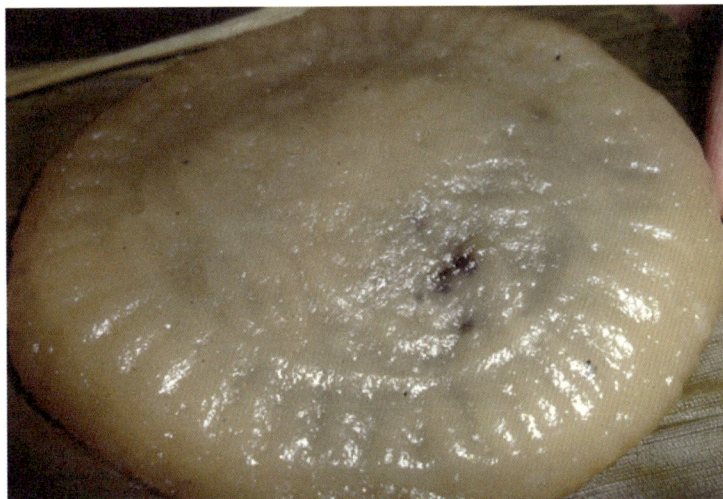

↑桂林客家做的印子粑（已熟）（莫祖波 摄）

有喝油茶的习惯及用油茶为配料做的各种美食。出名的有恭城油茶和灌阳油茶。做法是把油茶叶用油炒至微焦而香，放入食盐、生姜加水煮沸即可。油茶通常佐以各种小吃，如把葱花、花生、爆米花放入油茶中，初饮味浓而苦，而后甘醇鲜香，一边喝油茶，一边吃糍粑，更别有一番风味。聪明的桂林客家人，还把油茶做成了其他的菜肴，如油茶鱼、油茶鸭等。

↑油茶及茄子酿、南瓜酿等客家美食（莫祖波 摄）

民居

桂林地处丘陵地带，地形复杂多样，气候夏季炎热高温，冬天湿润寒冷，且降水丰富。在这种气候条件下，客家的房屋的建造首先要考虑自然地理条件。过去在地势相对平缓的平原地区，客家人居住的多数为砖土瓦房，以巨大的横梁作为支撑，以砖、土夯筑成墙。朝向多为坐北朝南。其平面基本结构一般是"三间两廊"型，厅堂在中间，房在两侧。

在地势相对起伏的山区，客家人的也会采用干栏式的建筑，并根据具体地理环境选择不同方位。

近年来，随着经济的发展，新式的钢筋水泥房已逐步取代了旧式的土木结构房。

客家人注重修屋建房，从选择基址到修建搬迁，整个过程带着强烈的传统性，现代建房较大的仪式主要有下基仪式、安门仪式、上梁仪式和进火仪式。下面详细介绍下客家人的进火仪式。

客家人把乔迁新居亦视为重大喜庆日子之一，要进行隆重庆贺。房子砌好后，主人就要搬进新房里去住，俗称进火。按照客家人的传统习俗，乔迁新居最讲究的

↓临桂南边山升平村上木梘屯（刘道超 摄）

←龙胜瓢里乡旧式客家民居
（李天雪 摄）

←临桂南边山客家民居
（宋富强 摄）

是进火。进火之日，要择定吉日良辰。客家人进火的时辰是有讲究的，一般都选择在晚上，因为早晨路上来往的人多，怕碰到不吉利的事情和不吉利的话，坏了好彩头。进火前，除了锅碗瓢盆，其他的东西都可以提早搬过去。

进火的时候，做饭的锅里要放米，炒菜的锅里要放上肉和鱼，要从原来的家中生个火提进新家，最好在新家里先烧个火。还要买一对红烛、三根香等。主人先在新家火盆里用木炭生火，并用红线捆三把柴，到了进火的时辰，男主人端起火盆先进厨房，女主人拿着柴和装米的锅随后进入。当男主人把火放入新屋的火炉后，女主人立即将准备的木柴放在炭火上，让木柴燃起来，叫作进火添柴（财），接着就鸣放鞭炮。这些礼俗做完后，再搬其他物件进屋。

客家人十分在意火种的存在与延续。火主火主，有火才算家，有家必有火，家中一定不能出现"死火没烟"的现象。客家人特别关注火的兴旺气势。灶火旺，人丁旺，百业旺；火苗节节高，家运时时旺；火大阳气足，家中才有福。即使少吃点荤的、少穿点新的，客家人也不会在烧火方面打小算盘，绝不能让阴霾邪气冲撞了红红火火的家运。

新房进火定居是人们生活中建家立业的大事，六亲九眷都会来恭贺。最为与众不同的是，除一般的鸡鸭糖果、糍粑、红包外，进火人的岳丈还要送十个碗、十双筷子、炒菜的镬头、米和油盐，以示为女儿、女婿立业提供生活用品，代代相承，越吃越富。

在宾客祝贺开席吃进火酒时，陪客先生在开席行令前，还要吟唱贺词，唱完贺词，开席鞭炮齐鸣，主宾举杯高声道贺，席间热闹非凡。新屋里充满了喜气，人人都沉浸在"新居之喜"的欢乐气氛中，其热闹程度不亚于婚礼。

出行

自古以来，由于受到生产力发展的限制，人们出行主要是步行。有钱的富贵人家才可以备马车或乘花轿、乘船出行，客家人也差不多是此种情况。新中国建立尤

↓荔浦县小青山乡局部（宋富强 摄）

↑进火的柴把（朱江勇 摄）

其是改革开放以后，现代交通得到跨越式发展，交通工具的改进，公路、铁路、轮船运输里程的增加，大大的方便了人们的出行。

二、宗教信仰与神灵崇拜

1. 宗教信仰

在桂林，临近客家人居住的地方，建立起来的各类寺庙、道观、庵子很多，教堂却比较少。客家人重视传统文化的传承，对于外来的基督教或者天主教，几乎没有入教的。而对于佛教和本土的道教，客家人多抱着"用得着的时候才信"的态度去对待，如家里某人生了病，那么不管是佛教还是道观，进门就烧香拜神，以求神灵护佑，使病人快速康复。有的客家妇女去占卜问仙、算命测字，这些多与道教的活动有关。另外有的客家村落进行大祭或是举行丧葬仪式，多请道法高明的道士、法师做引导、司仪。但却没有几个客家人愿意真正加入佛门成为佛教弟子，或是进入宫观成为道士、尼姑。

↑灵川县毛村的三圣古庙（李天雪 摄）

↑毛村客家人所供奉的"天地君亲师"牌位
（李天雪 摄）

2．神灵崇拜

客家人崇拜的神灵很繁杂，包括自然界的天地、山川河流、植物等，也有逝去的英雄、伟人等。在桂林，客家人主要崇拜的主要有以下四种：

天公崇拜。在客家人聚居地区，在他们的家中厅里的正堂墙上，多数会有"天地君亲师"的神牌位。每当过重大传统节日或外出做大事时，他们要在祠堂或院子里摆上供品，点上香烛，祭祀老天爷，祈求老天爷保佑他们五谷丰登、生意兴隆、平安健康。祭拜完老天爷以后，才能把供品等移入屋内，祭祀祖宗。在他们看来，老天爷是无处不在的最大的神，具有无比的权威。

妈祖崇拜。妈祖，又称天妃、天后、天上圣母、娘妈，是历代船工、海员、旅客、商人和渔民共同信奉的神祇。古代在海上航行经常受到风浪的袭击而船沉人亡，船员的安全成了航海者的主要问题，他们把希望寄托于神灵的保佑。在船舶起航前要先祭天妃，祈求保佑顺风和安全，在船舶上还立天妃神位供奉。桂林地区河道众多，水路通畅，生活在此的客家人利用这一有利条件积极开展河运贸易，所以几百年来，在桂林客家人的这个文化圈内始终保留着对妈祖的信仰。

↑ 灵川毛村圣母宫（刘道超 摄）

↑荔浦修仁客家的土地伯公（宋富强 摄）

↑南边山乡的客家挂的毛泽东头像
　（万里鹏 摄）

↑荔浦青山客家的土地伯公（宋富强 摄）

　　土地崇拜。土地崇拜在桂林客家聚居地区很兴盛，土地神大致叫法有：社王庙、佛子大哥、土地伯公等。农村的土地社王庙一般很简陋，多数用几块石头砌成，更有甚者，就是在大树下设一块石质土地牌位就成为社王庙，供村民供奉。在每年的"二月二"春社，很多客家人要到社王庙供奉社王，望其能保佑在新的一年里，风调雨顺，五谷丰登。除了二月二，客家人也要在清明节祭祀社王或土地伯公，他们先去祖宗祠祭祀列祖列宗，然后去社王庙祭祀土地神。只有祭拜完土地伯公，才能外出扫墓。平时很多小孩子因为不懂事冒犯了土地伯公或佛子大哥，例如坐在上面玩耍、践踏甚至撒尿，那么孩子的家长就要给土地伯公赔不是，除了把社庙清扫干净，用礼品酒水供奉，还要留下一把干柴。

↑ 临桂县毛村黄姓大房宗祠（李天雪 摄）

↑ 荔浦县青山镇客家人丘氏祠堂一角（宋富强 摄）

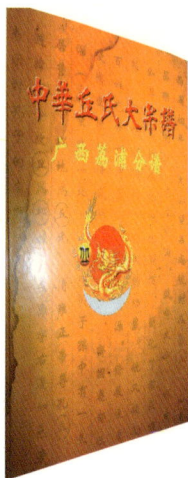

↑荔浦县青山镇客家人丘氏族谱和祠堂（宋富强 摄）

英雄神崇拜。在桂林的一些客家地区，他们家里没有"天地君亲师"的牌位，取而代之的是毛泽东的头像。他们认为，毛主席就是他们的精神偶像，带给了他们现在的幸福生活，能够庇佑他们健康。

3. 祖先崇拜

在古人看来，人死后并不等于完全从尘世中消失，人的灵魂不灭。长辈正常死亡后，他的灵魂继续存在，而且具有鬼神的超凡能力，能来无影去无踪，时刻监视和保护着这个家族的成员。桂林的客家人由中原迁徙而来，路途曲折，颠沛流离，他们为了生存历尽千辛万苦。在他们看来，正是有了祖先神灵的保佑，才使得他们如今可以安居乐业，后代繁盛，生生不息。所以他们非常敬重祖先。这主要表现在三个方面，一是对祖先的祭祀上，每逢过年过节或者婚丧嫁娶、考学等大事，客家人一定要在祠堂或者家里摆上供品，点香烛，斟酒水、拜祭祖宗，求得祖宗神灵保佑；二是桂林客家人特别注重续修族谱，在客家人的族谱中，记录的只有男丁的名字，以及祖先的坟场形制、朝向、具体位置等；三是客家人的坟墓修葺得特别的体面，即使的一般的人家，也要把坟墓修得让外人见了觉得脸面有光，至少不能丢家族的面子。

第五章

吸取与融合：桂林客家人的文艺娱乐

客家人迁徙的历史，艰难而漫长。客家作为一支迁徙的汉族民系，如同源于古老中原大地的一帘幽梦，散落于中华大地乃至世界各地。

广西简称"桂"，地处祖国南疆。客家人随移民迁入广西的历史悠久，明清时期尤其清代以来，移民迁入广西的数量不断增加，这一时期迁入的移民主要是客家人和湖南人两支。其中客家人既饱受中原文明熏陶，又经受过福建、广东商品经济发展浪潮的洗礼，大批量客家人入桂，对相对落后闭塞的广西地区社会经济产生强烈的冲击，大大促进了广西农业、手工业、商业等多方面的发展。"他们本身就是一支姿态全新、气势非凡、格外令人瞩目的经济开发大军。他们每到一处，开发声势就会为之一振，建设速度就会为之加快，人们的生活节奏就会为之一促，经济景观亦迅速焕然，呈现出千古未有的生动局面。"[1]

桂林地处广西东北部，与湖南、贵州接壤，遍布桂林的石灰岩经亿万年的风化侵蚀，形成千峰环立、一水抱城、洞奇石美的独特景观，因而桂林有"山水甲天下"的美誉。除汉族以外，这里居住着的还有壮、瑶、苗、回、侗等多个少数民族居民，其中桂林的客家人分布很广。根据近些年的调查，"桂林市除全州、兴安、资源三县未见有客家人的报道外，其他各个城区、各个属县都有客家人的分布"[2]。

客家族群同人类其他任何族群一样，在物质生产过程中，同时也进行精神生产。客家人除了擅耕种、经商外，还擅才艺，注重节日娱乐活动。他们在迁徙过程中既传承自身族群的文学艺术，又不断吸收和融合当地文化，创造了丰富多彩的文艺娱乐样式。

桂林客家人居住分散的特点，导致其语言、风俗、文艺、节日娱乐等精神生活，往往受周边地区的文化习俗影响较大，他们在长期的生产、生活过程中不断吸取融合当地文化，构筑了桂林客家人的精神生活空间。很多客家人擅长当地文艺，如桂剧、彩调、说书、文场、渔鼓，以及傩舞、少数民族歌谣等，甚至成为其中翘楚。龙胜县瓢里《赖氏家谱》载第十八世祖信秀公"精工榨油，擅湘西山歌，每年铲茶时，亲击锣鼓，领唱山歌，声澈遐迩，留传无限每忆"。

桂林客家人的主要文艺活动、节日娱乐，大多是融合于当地族群中，仅有个别像姐妹节这样客家人独有的节日。因此，吸取融合是桂林客家人文艺活动、节日娱乐娱乐的显著特点，另外，桂林客家人在文艺创作方面取得了实绩。

一、桂林客家人的文艺

1. 桂林客家人的主要文艺活动

桂剧

桂剧是广西一个重要地方剧种，20世纪30年代已有定名，民间习称为桂戏或桂班戏，它以桂林、柳州、河池等地为主要流行区，梧州、南宁以及湖南南部也有流传。桂剧自清代乾嘉年间产生以来，受到流行地区人们的喜爱，抗战时期，欧阳予倩对桂剧进行改革，产生了积极的影响。新中国成立后，桂剧进入一个新的发展时期，期间郭沫若、田汉、欧阳予倩、梅兰芳、程砚秋、崔嵬等著名艺术家都曾指导过桂剧。至20世纪90年代，随着戏曲生存的生态环境恶化、娱乐方式的多样化以及老桂剧表演艺术家相继谢世和退出舞台，桂剧传统艺术出现后继乏人、濒临失传的局面。2006年，桂剧被国务院列入国家级非物质文化遗产名录。

桂剧源自湖南祁剧，形成于清乾隆嘉庆年间。乾隆十五年，湖南祁阳人陈大受任两广总督，其子陈辉祖又于乾隆后期任广西巡抚，加之清初以来湖南居民纷纷迁徙桂林，由于以上多种原因，祁阳班频繁来桂林演出，并沿着漓江而下广州。祁剧传入广西并开始演变为桂剧始于乾隆年间。首先祁剧班子较多，他们活动于湘南二十四县，不去湘北是因为那里是湘剧的根据地，很难立脚，去湘西又交通不便，故多利用湘江和漓江的交通便利，南下与湘南接壤的广西谋生。查位于漓江边阳朔福利镇行宫戏台（清康熙年间建）、兴坪镇武圣宫戏台（清乾隆四年建）、高田镇关帝庙戏台（清咸丰八年建）、阳朔镇禹王宫戏台（咸丰年间建）等戏台资料，都有不同的湖南戏班演出的记载。其中前三个戏台都有湖南戏班"盖舞台"、"品舞台"演出的记载，从一个侧面说明漓江给戏班活动带来的交通便利。其次，桂林日益繁荣，而当时本地还没有完整的戏剧，彩调也还未进入城镇，祁剧戏班较容易在桂林站住脚，艺人们一旦在桂林立脚，就不愿再回湖南。清湖南戏剧家杨恩寿《坦园日记》同治壬戌年（1862）三月三十日日记载："微雨嫩寒。客里送春，无可奈何时也。邻寺演祥泰部。《金水桥》及《剐蟒》两剧，贴旦不逮吉祥，而生净过之。费仲箎至常德，知东生已隶桂林矣，声价甚高，一时无两。" 说明当时像"东生"这样稍有名气的湖南艺人愿意到桂林立足的事实。第三，桂林早期的科班，教习大多数都是祁剧艺人，同治、光绪年间的桂剧名艺人蒋晴川、林秀甫等都向祁剧艺人拜过师，可见在桂林落户的祁剧艺人较多。早期落户桂林的祁剧艺人和祁阳班在桂林长期演出期间，受桂林话的影响逐渐改变语音，为迎合当地观众的口味，逐渐用与湘南方言没有多大区别的桂林话演出祁剧，用桂林话唱祁剧，当时称桂林班。由于湘南与桂林在语言、风俗习惯等方面的接近，用桂林话演唱的祁剧在很短的时间内就形成有地方特色的桂剧。

↓广西省立艺术馆，1947年由欧阳予倩发起重建，现为桂林市桂剧院（朱江勇 摄）

↑传统桂剧《闹严府》（马艺松 供）

↑新编历史桂剧《巧郎配》（马艺松 供）

　　道光至清末，民国期间，新中国成立后至1980年前后（"文革"除外），这三个时期，桂剧班社与科班繁盛、演出频繁，是桂剧发展的繁荣阶段。桂剧流行于桂林各地城乡，遍及桂林客家人分布县市的乡镇，这从桂林市区以外的桂剧科班和班社的分布可以证实：荔浦马岭街的翠英华科班，成立于光绪十年（1844）；荔浦马岭湖南会馆的金石声科班，成立于民国十年（1921）；阳朔县白沙镇的瑞英乐科班，成立于民国二十一年（1932）；荔浦的锦兴科班，成立于民国三十五年（1946）等。2011年3月19日上午，笔者与同行一道采访了荔浦修仁街的曾从事桂剧演出的客家人练业忠（时年78岁），练氏家族于清同治年间从广东恩平迁至荔浦修仁。据练业忠回忆，他父亲练仕暄爱好桂剧，经常在当地过年过节时作为业余演员参加演出，他自己也学过演桂剧、编剧，曾参加桂剧《刘三姐》的演出。

　　新中国成立前民间桂剧一般有祭祀酬神、庆祝丰收、求嗣还愿、祝寿、会期等活动的演出，以及民国以来流行的唱赌戏。

　　祭祀酬神演戏根据各地所奉神灵、神的生日决定祭祀日期，在不同场所请戏班演戏，这既是中国戏剧活动最早的社会功能，也是中国各地尤其是农村地区演戏最大的契机。每年祭祀酬神禳灾的唱戏活动，为劳动人民长期单调生活提供了精神放纵的机会，成为中国民间大众的狂欢节日。以祭祀酬神禳灾名义演戏，表面上看是为了"娱神"，实际上真正目的在"娱人"，因而中国广大地区以各个乡镇、村落为单位集资举行祭祀酬神禳灾的演戏，是在娱神信仰背景下实现了人的娱乐，普遍受到广大民众的欢迎。桂剧演戏所祭祀神灵、神主要有：包公庙（正月初八日）、玉皇庙（正月初九日）、土地庙（二月初二日）、岳飞庙（二月十五日）、观音庙（二月十九日）、财神庙（三月十五日）、牛王庙（四月初八日）、关帝庙（五月十三日）、火官（六月二十三日）、雷祖（六月二十四日）、城隍庙（荔浦城南街）、尚书庙（荔浦荔江边）、三界庙（龙胜县城）、火神庙（全州县城）、阿婆（农历三月初三，荔浦粤东会馆敬奉阿婆）、妈祖（农历三月二十三，龙胜瓢里妈祖诞）等。像龙胜瓢里每年农历三月二十三，由温、赖两姓客家人发起的"妈祖诞"活动，在瓢里粤东会馆演唱桂剧、祁剧，同时搞聚会、聚餐，当地各族人民既可以来看戏，也可以来吃饭，这种方式不仅是客家人的娱乐方式，还是改善自身与周边民族关系的重要途径。

　　会期戏（会期俗称赶庙会）也称赶庙会戏，新中国成立前桂北会期有庙会、愿会、醮会和赌会四种，会期一般一年一次，以荔浦县、平乐县、全州县的乡镇为多，各地会期时间不一，会期戏持续半个月。每逢演"会期戏"，当地居民必事先奔走相告，请亲朋好友前来看戏。根据史料记载，平乐一县客家人分布地区会期戏

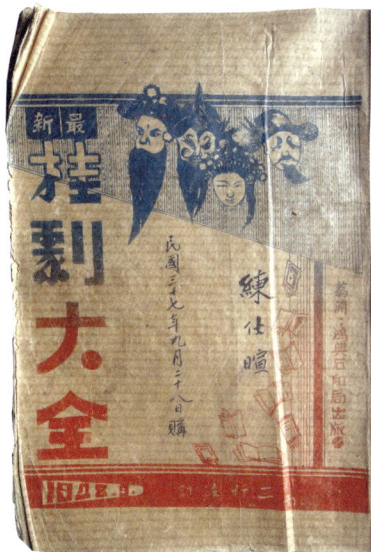

↑荔浦县修仁街练业忠父亲的《桂剧大全》
（民国三十七年印）（宋富强 摄）

↑采访荔浦客家人，桂剧爱好者练业忠（宋富强 摄）

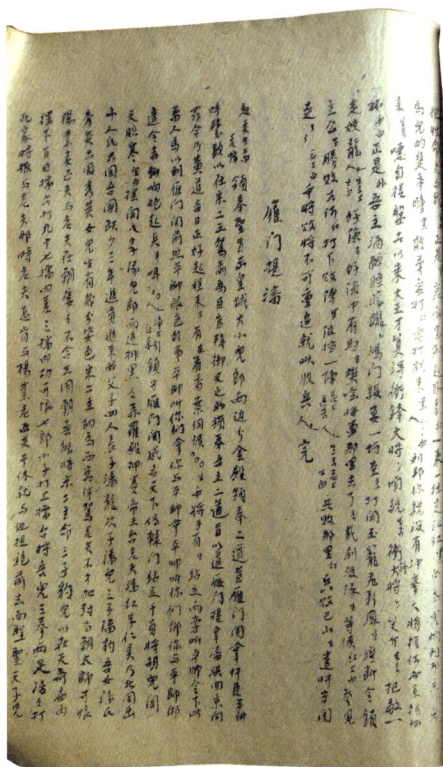

↑《桂剧大全》（民国三十七年印）中的剧本
　《雁门提潘》局部（宋富强 摄）

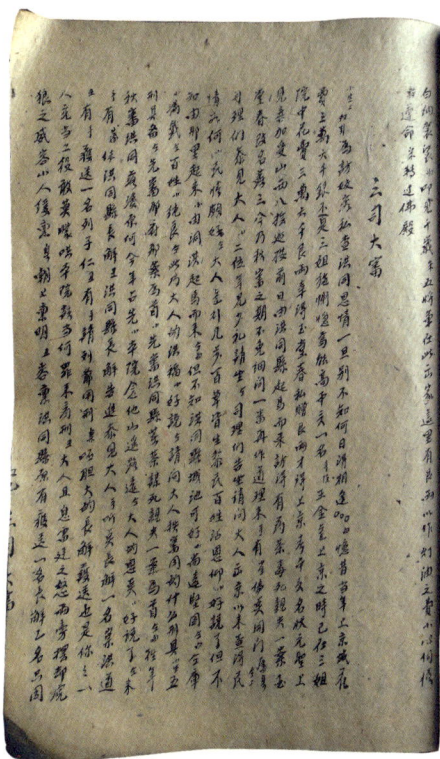

↑《桂剧大全》（民国三十七年印）中的剧本
　《三司大审》局部（宋富强 摄）

桂剧演出较多，如源头正月十六日、同安二月初二、桥亭三月十五日、二塘五月十三日、张家六月二十日等，客家人通常和当地人一道，积极参与桂剧的演出活动。

彩调

彩调是缘起于桂北农村，流传至各地城乡，深受广西各族人民喜爱的地方戏曲剧种。各地方言的差异称呼不一，桂林、永福一带叫"彩灯"、"彩调"、"唱灯"；柳州、河池和梧州的贺县、苍梧等地叫"调子"、"哪嗬嗨"、"耍牡丹"；平乐、荔浦叫"调子戏"、"彩茶戏"；左、右江的宁明、百色等地也叫"大彩茶"、"嗬嗨"、"嗬嗨戏"等，但是称"调子戏"或"调子"最为普遍。1955年春，由宜山、柳城、罗城、融安等县业余剧团组成的文艺代表队排练彩调传统剧《龙女与汉朋》、《王三打鸟》参加在北京举行的全国群众音乐舞蹈观摩会演后，统一定名为"彩调剧"。

广西彩调是否属土生土长的民间艺术，目前尚缺乏足够的史料考证，但可肯定其历史悠久。查阅清代广西一些彩调流行地区的县（府）志，可以看出彩调在广西各地的演出情况，如康熙四十八年（1709）修《荔浦志》载："元宵自初十至十六，各门悬一灯，选清秀孩童艳妆女服，携花篮唱采茶歌或演故事、耍龙灯嘻嘻以为乐。"乾隆十九年（1754）修《庆远府志》载："自元日至上元夜，竟放纸炮，悬彩灯，或群聚为龙马狮子等灯，或装妇女唱采茶歌，宣锣鼓嬉戏以为乐。"乾隆三十年（1765）修《全州县志》载："好女联臂踏歌，多采茶歌……"彩调的雏形是民间歌舞和说唱文学的艺术形式，采茶戏使彩调产生从"唱采茶歌"的歌唱形式进入了演剧的飞跃，清道光至光绪（1821～1875）年间，彩调受湖南"花鼓戏"、江西"采茶戏"和本地区桂剧的影响，从《对调子》的简单二人对舞欢歌发展到有人物性格和故事情节的"三人戏"（小丑、小生、小旦），走上了戏曲发展的道路。

彩调的唱、念、白都是用广西各民族基本上能够听得懂的"官话"（桂柳话），剧目多是广大群众所熟悉、喜爱，反映劳动人民家庭伦理故事和民族民间传说，唱腔是易唱易学的民歌、小调，表演程式基本接近生活，因而流传于广西各地各民族，广西客家地区也不例外。

桂林客家地区的群众不仅喜欢看彩调，有些地方群众还自发组织成立业余彩调组表演彩调，逢年过节在村里宗祠演出或外出演出。桂林灵川县大圩镇毛村在新中国成立后曾成立毛村彩调组，逢年过节彩调组在毛村圣母宫内演出，同时彩调组也受别的村、乡、县邀请演出。除了表演彩调传统节目外，"文革"期间还自编过

↑彩调演出（王祖良 摄）

↑彩调演出（王祖良 摄）

↑灵川县毛村彩调组成员黄保山重新穿起搁置多年的
戏服（朱江勇 摄）

《一心为修水利》、《青狮潭》等现代彩
调剧。笔者2010年10月17日上午采访当年毛
村彩调组成员黄保山（时年78岁），他18岁
开始唱彩调，曾随毛村彩调组去兴安县演
出并获奖。当年毛村彩调组的剧本和道具
至今保存在黄保山家。

　　傩舞

　　广西傩最迟在北宋年间已名闻京师，
陆游《老学庵笔记》载："政和中大傩，
下桂府进面具，比进到，称'一副'。初

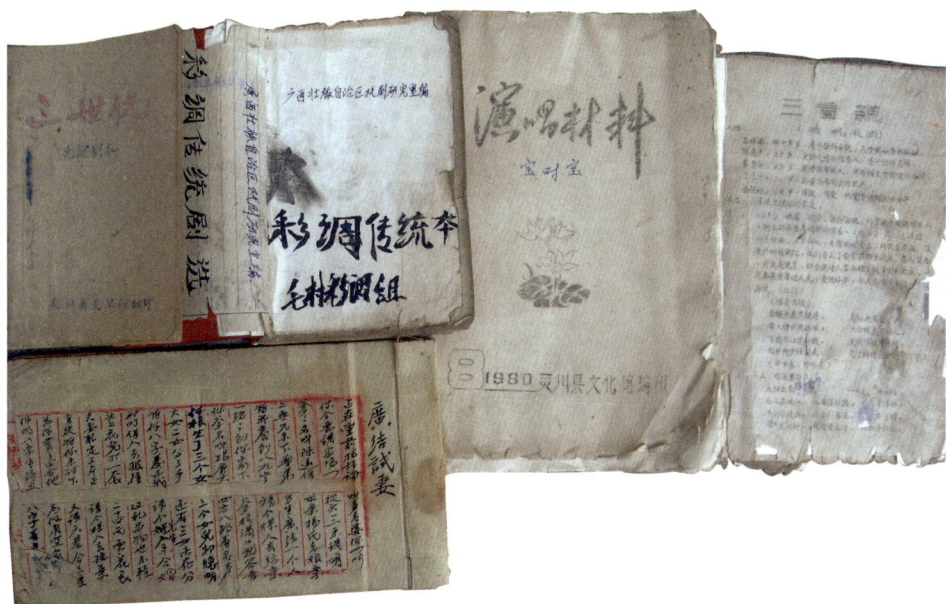

↑ 灵川县毛村彩调组保存的传统彩调剧部分剧本（朱江勇 摄）

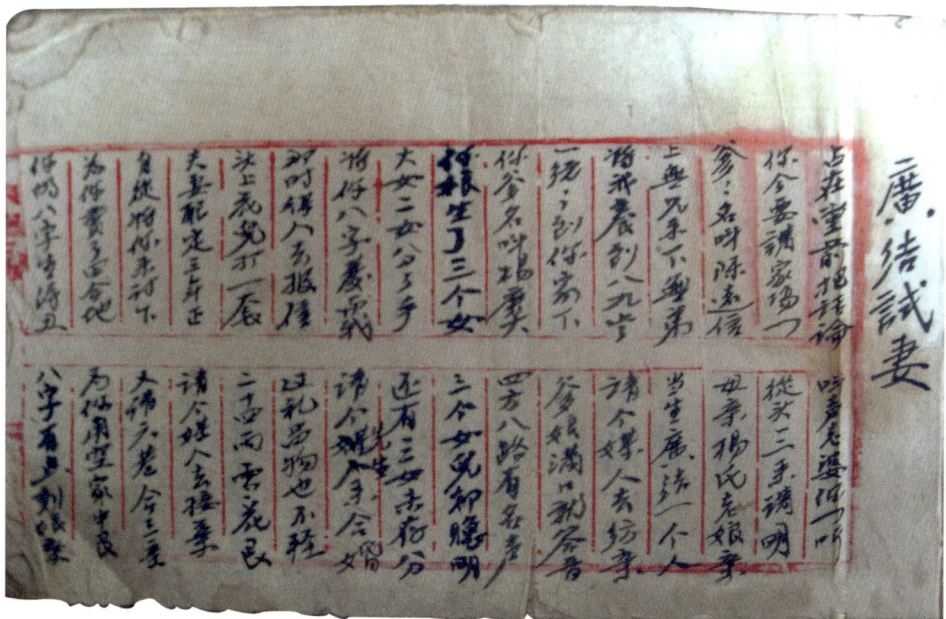

↑ 灵川县毛村彩调组保存的传统彩调剧《广结试妻》局部（朱江勇 摄）

↑桂林傩面具（彭会资 供）

↑跳傩舞时戴的面具（彭会资 供）

讶其少。乃是以八百枚为一副，老少妍陋无一相似者，乃大惊。至今桂府作此者，皆致富，天下及外夷皆不能及。"曾任静江府（今桂林）知府的范成大，在《桂海虞衡志》中载："桂林人以木刻人面，穷极工巧，一枚或值万钱。"曾任桂林通判的周去非在《岭外代答》中载："自承平时名闻京师，曰'静江诸军傩'。而所在巷坊村落，又自有'百姓傩'。严身之具甚饰，进退言语，咸有可观。视中州装队仗似优也，推其所以然，盖桂人善制戏面，佳者，一值万钱，他州贵之如此，宜其闻矣！"

以上记载说明宋时桂林的傩面具达到很高的制作水平，甚至比中原汉民族地区傩队的队仗更胜一筹，可见从中原地区汉民族的"傩"进入广西后，为各少数民族所接受。

自宋至明清以来，傩一直活跃于广西桂北、桂中、桂南各县，至今还在一些地区保留。从文化深层结构上说，它根植于生殖崇拜文化、农耕文化和巫文化，从表现形式上说，它围绕"跳神"展开分为两大类：一是带有原始宗教性质的跳神（傩舞、傩歌）和师公戏，还处于"泛戏剧"形态；一是在跳神的基础上发展而来的反映民间生活的师公戏。

桂林的傩舞同广西其他地方的一样，都是围绕着"跳神"展开，将神与鬼邪、与大自然博斗的气概展现在人们的面前，桂林傩舞最有代表性的民俗活动是还大愿活动。

还大愿活动是旧时桂林乡间三年一度的祈福祓邪、祈子求吉、驱魔逐疫、酬神还愿的祭祀活动，也是民间的一种娱乐盛会。在民间众多同类的乐舞中，用于庄重酬神还愿是其一大功能，还大愿是指祈福于神许愿，事后实践诺言。许愿一般在农历二月，还愿则在秋收后的八月或十月，还的愿有太平愿、丰收愿、人丁大愿、花愿等。清嘉庆七年（1802），胡虔、朱依真所撰《临桂县志》载："今乡人傩，率于十月，用巫者为之跳神。其神数十辈，以令公为最贵。戴假面，着衣甲，婆娑而舞，伧宁而歌，为迎送神祠，具有楚祠之遗，第鄙俚耳。其假面，皆土人所制，以木不用纸，雕镂有极精者。"

桂北地区汉民族农历十月二十日至二十三日，各村都有举办三年一度的还大愿跳神活动。虽为三年一度，但各村轮流举行，所以每年十月均能见到跳神活动。跳神费用来自村子公田打下的谷子，谷子也就是跳神者的报酬。跳神由有威望的鬼师（鬼师佬或师公）执掌，鬼师也是还大愿活动的会首，节目的顺序也由鬼师指定，跳神则是还大愿活动的主要内容。鬼师在跳神前两天要摘柚子叶和竹叶烧水沐浴，到案桌敬香的人要在柚子叶水中洗手解秽，前来看跳神时还要打蜡坛。跳神者一般是普通农民，由祖辈相传兼具巫人之职，也有少数师徒承袭的。跳神活动持续三天三夜，节目主要是一个人表演，也有个别两人或四人表演的节目，要将所谓三十六神七十二相一一跳遍，才能了却心愿。三十二神七十二相都是劳动人民心目中的英雄，表演者头戴雕刻精巧，活灵活现地呈现各种人物性格的面具，将神的业绩通过舞蹈的律动和贺神歌加以表现，歌颂他们犹如歌颂劳动者自己，看起来显得格外亲切。

跳神的内容取材广泛，节目繁多，融历史传说、神话故事、生产生活于一炉，尚存的节目有《开山》、《先锋》、《令公》、《盘古王》、《庙王》、《土地》、《山魈》、《哪吒放风筝》、《判官勾愿》、《火烧灵官》、《雷公舞》、《鲁班架桥》、《游江》、《接潮水》、《抱太子》、《孟姜女》、《纺织娘》、《耕种郎》等。"还大愿"活动中男人爱看《开山》、《令公》、《盘王》、《鲁班》、《耕种郎》，女人则爱看《纺织娘》，还"人丁大愿"的则最爱看《生宝宝崽》。跳神通常以《开山》为先，意思为开山使者劈开道路、架通天地桥梁、驱邪逐魔后，才能接请各路神灵前来庇佑人间。开山舞中的开路神为古代傩舞中体态魁伟健壮的"方相氏"，舞者手执板斧作劈山、填海、斩妖等动作扫清障碍。以《开山》迎请各路神灵降临后，方可表演其他跳神舞蹈。桂林傩舞另一特征是以神话史诗来表现，出现于"还大愿"活动中贺神歌是将当地流传的神话故事用民歌体编成，不仅唱词口语化，曲调也为人们所熟悉。贺神歌如史诗般叙述神的业绩，讴歌神的无畏精神，如贺盘王神的贺歌将盘王开天地的气概与献身精神表现得淋漓尽致："先王头发化草木，连心十指化石山。将那两眼化日月，日照山河夜太平。两耳将来化卦子，鼻孔将来定阴阳。一口牙齿化星斗，骨肉将来化泥尘。大肠化为五湖海，小肠化为五岭脉。盘王一身都化尽，一身化尽留英名。"

桂林灵川县毛村客家人三年一次举行还大愿活动，分布在漓江上的船上人、航运者、经商者等四大房的各户子孙都要派代表回毛村祭祀三祖婆，酬谢前面两年神灵对自己的保佑，同时还请戏班唱彩调、跳傩舞。[3]

渔鼓

渔鼓是桂林民间广为流传的曲艺之一，其词多用7字句和10字句，也有长短杂句，曲子是民间流行的小调，有"南路"、"北路"之分，以唱为主，兼有道白。渔鼓的演唱形式有两种，一是立唱或做唱；二是表演唱，表演者有一人独唱、二人对唱，也有多人伴唱并配有舞蹈。渔鼓因说唱自如，表演生动，在桂林各县、乡镇广为流行此外，桂林客家人还融入到当地民族的各种形式的娱乐中，体现了客家人与当地人融洽的族群关系。

歌谣

客家歌谣蕴含着客家人的习惯、礼仪、信仰、风俗等标示着客家民系本质属性的东西，这些口头相传的歌谣是客家人生产生活最直接、最生动、最真实的承载工具。马克思主义者拉法格在《关于婚姻的民间歌谣和礼俗》中这样礼赞口传的民族歌谣："这种出身不明、全凭口传的歌谣，你是人民灵魂的忠实、率真和自发表现形式，是人民的知己朋友，人民向它倾吐悲欢苦乐的情怀，也是人民的科学、宗教、天文知识的备忘录。"

桂林客家人的歌谣是具有特色的民间艺术，其内容丰富、形式多样，有山歌、民谣，以及船上人家的船歌等。但是这些歌谣今天基本上很难找到，从目前对桂林

↑龙胜瓢里镇客家人参与演出《侗乡情》（朱江勇 摄）

鱼　鼓

"庆祝协会成立二十周年"

幕雷一声振天响，三中全会指方向，
改革开放政策好，老年权益有保障。
各位兄弟姐妹们，协会成立在七九，
雷琛费尽心血力，创办协会县第一。
成立之日可热闹，县长亲临来指导，
老人积极把会入，人人脸上笑盈盈。
文娱场所样样全，牌棋球类由你挑，
五条禁令墙上挂，不许赌博是第一。
协会会员好团结，胜似兄弟一家亲，
老人有病协会看，免得老人受孤怜。
协会活动开支多，经费来源无着落，
雷老提议来舞龙，两年收入一万多。
文艺活动真活跃，舞的舞来跳的跳，
演员演戏心情好，站立看戏真糟糕，
协会班子打主意，想方设法请你坐，
四人板凳来解决，新做凳子一百条。
协会班子操尽心，好事不能一一表，
歌声唱长难得唱，上述已表会员心。

↑龙胜瓢里客家人参与渔鼓演出的剧本
（朱江勇　摄）

↑龙胜瓢里客家人参与渔鼓演出（朱江勇　摄）

客家人的歌谣调查看，平乐桂江船歌是漓江流域船上客家歌谣的"活化石"。从内容上看，平乐桂江船歌大致有：喊镝歌（又称号子歌）、打鱼歌、喊风歌、行船歌、闲散歌、婚嫁歌、哭丧歌等；歌谣的艺术形式分为：号子形式、行船形式、婚嫁形式等。行船形式和号子形式有相同之处。如上滩是行船中的一个过程，平乐桂江船民一定要唱号子歌，到了"斯文水"和"顺水"时，行船歌的形式就略有不同了。歌谣的语言形式则分为永福茅村话（即船上话）、梧州白话以及60年代后大规模改造了的普通话船歌等等。这里以婚嫁歌和打鱼歌为例子：

婚嫁歌。漓江船上客家人嫁女风俗中，出嫁前一天晚上，新娘必须"坐烛"。坐烛是漓江船上人家嫁女时，把很多渔、货船在江面上并排起来，在上面搭一个棚，摆上酒席，点亮蜡烛，新娘坐中间，其左右各坐一位童男童女，周围坐满乡

亲，新娘与众乡亲对歌。对歌的内容很多，其中有新娘"哭天"、"哭地"、"哭父母"、"哭兄嫂"、"哭弟妹"的内容：[4]

哭天：天上七仙女，可惜我是凡人，不能跟你们玩游天地，明天我就要出嫁，希望你们来祝福。

哭地：土地菩萨、十三大王、本境地王……明天我就要做新娘，希望你们来开路。

哭老祖宗：五代同堂老祖宗，明天有你家×××要出嫁，桌上摆满十大碗，希望你们个个都到场。

哭父母：父母双亲老大人，自从你生我下来，辛苦把我养大，要是我是男孩，可以给你们养老送终，可惜我是女孩，明天就是别人的人了。

哭哥嫂：大哥大嫂，明天我就要出嫁，我只有脸盆和镜子，箱子打开是空的，没有什么嫁妆。

哭弟妹：弟妹你们要听话，我明天就要出嫁，你们早晚记得穿衣服，不要给父母操心，以后长大要要懂事，要懂得孝敬父母。

船上婚嫁歌是船上文化最有戏曲成分的节目，不管热烈场面、观赏性、可参与互动式，还是独特的文化品质含量上，都蔚为大观。平乐桂江船上人家，也是漓江流域黄氏客家人的一支。平乐热线和平乐电视台工作人员调查后认为，桂江船上婚嫁歌堪称桂江船歌中的"绝唱"。其中有这样的唱段：

↑明桂江迎亲宽艇（平乐热线 供）

众位呀！斜开斜拢两边斜，大姐跟前借路行。

众位呀！今天发音连累你，大齐来看谢过分离。

嫂子呀！龙烛要用纸来点，点起龙烛起龙鳞。

嫂子呀！龙角一竖树落叶，大树落叶嫂高明。

嫂子呀！龙肚里头有肝胆，我嫂安心顾家庭。

嫂子呀！龙牙还有猪牙塞，我嫂安心待爹娘。

嫂子呀！龙尾弯弯像屋脊，拾起龙爪扶家庭。

嫂子呀！兴家贫穷嫂莫嫌，清茶淡饭待爷娘。

　　打鱼歌。船上人家被称为一支水上的"漂泊族类"，平乐的桂江船民则是桂北最大的一支"水上吉普赛人"。桂林客家人——黄氏族人在漓江流域是一支庞大的血缘宗族群体，各房子孙分布在漓江各大小支流从事水上营生。有研究者对黄氏族人各房支（主要有四房）在漓江流域捕鱼地界的分布作过研究：大房在恭城茶江、平乐桂江、贺县；二房在桂林解放桥至阳朔江河段；三房在荔江、兴安坝、梧州赖石等地；四房在马岭河、柳江。[5]

　　江上打鱼，是船上人家原始而古朴的劳作方式，打鱼歌正是产生于生产劳动中的民间艺术，流行于撑排打鱼的船民之间。打鱼歌是船上人家生活状态的真实写照，桂林平乐桂江的打鱼人，头戴被当时船民普遍称为尖顶的鸡仔帽，身披棕蓑

↑渔歌唱晚（平乐热线 供）

←桂江打鱼的船民（平乐热线 供）

衣。打鱼歌中有一首《桂江谣》这样唱：

嘿嘞，嘿嘞，出舟来，鸡仔帽、棕蓑衣，你划桨来，我唱歌。天寒地冻，全不怕，我是桂江打鱼人。舟出篷船随我意，一撑划破桂江水，一舟出没烟雨中。如有仙女来相会，江上烟波建琼楼。钩子放江中，渔网撒水里，竹篓装大鱼。雨水帮点烟，歌仔唱起来。饿了吃口竹筒饭，不晴不收工。岸上阿妹莫要喊，越喊越心烦，晚上回到家，街上再找你——

打鱼人的船歌，悠闲而浪漫，唱得最齐整的是热天季节里。夕阳西下，余晖斜照，打鱼为生的船民成百上千聚集到江面上，形成"渔歌唱晚"的壮丽景观。"渔歌唱晚"是以前平乐的著名景观，堪称"岭南一绝"。据说当年孙中山路过平乐，见此情此景，也叹为观止。

2. 桂林客家人的文艺创作

客家有崇文重教的传统，外出求学是一种社会风气，他们还积极办学堂，发展教育，培养出一批批土生土长的客家知识分子。桂林客家人秉承了祖先的崇尚读书的传统，在教育、文艺界作出了突出的贡献，他们的文艺创作显示了卓越的才华，其中陈雨甘和黄龙言两位客家学人成绩突出。

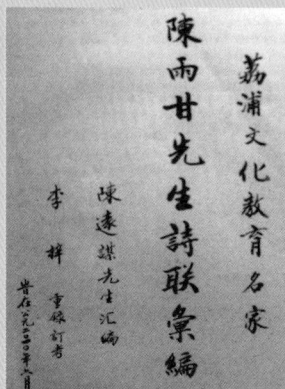

↑陈雨甘（李泽军 供）　　↑李世琛整理的《陈雨甘先生诗联汇编》（朱江勇 摄）

陈雨甘

　　陈雨甘（1898～1962），荔浦县茶城乡古卜村人，幼年时期聪敏好学，8岁入私塾，始读《幼学故事琼林》、《诗经》、《纲监择语》、《小学》等书，13岁自读《列国志》和《左传》；14岁插入县立高小，作文呈卷，先生惊异。县知事顾英明赞雨甘为"青年巨擘"。民国二年（1913）陈赴桂林升学，先考入甲种农林校，三月后转考入甲种工业校，学习机织、土木，每次考试均居榜首。民国三年，因无法升学，师从松林村赖上青先生习《了凡纲鉴》、《古文释义》、《东莱博义》等书籍。

　　民国五年，陈雨甘因家贫亲老而辍学，开始致力于兴学育才，先在横水、青山等小学任教，民国十五年应聘荔浦中学国语教员。先后担任过荔浦、钟山、贺县、平乐、柳州等市县的初、高级中学、师范学校教师、主任、校长等职。

　　陈雨甘思想进步，平易近人，才华出众。他先后为机关、群众代作文章诗对极多，这些作品既浅显精悍，有切贴实事，深受老少喜爱。如民国十五年，他极力拥护农民运动，对成立农会、筹办村仓、储谷防饥等事极力提倡，这年古卜村农会成立，陈雨甘代拟牌楼联语二副：顺应革命潮流把吸血鬼滚下台去，扭断土豪枷锁让生产者抬起头来；要奋斗要革新想解放全凭自己，反剥削反封建清除所有敌人。陈雨甘的许多诗文关注时事，体现出高尚爱国的情操，如1945年日本投降，他以《日寇投降》为题写下一首五言律诗："尔也有今日，当初胡太狂。鲸吞东北陆，虎视太平洋。北进复南进，空强更海强。何来暴风雨，一夕撼扶桑。"

陈雨甘诗文作品很多，但大多在"文革"浩劫中被毁。今所存者，都是亲友传抄，以及他儿子陈远谋凭记忆抄录。现有荔浦老年大学李世琛先生将陈雨甘作品汇编成《陈雨甘先生诗联汇编》，待出版。

黄龙言

黄龙言（1930～　），荔浦县人，1954年毕业于广西师范学院语文专修科，先后在南宁《新儿童》杂志及《广西少年报》任文艺编辑，曾在各报刊发表散文、诗歌、小说、寓言、童话等作品一百多篇，1956年由广西人民出版社出版单行本童话剧《麻雀的遭遇》。

黄龙言不仅在创作上颇有成就，在民间文学的收集整理方面也取得了很大的成果。1984年至1988年间，曾走遍荔浦县的城镇山村，抢救民间文学，先后主编出版荔浦县民间文学三集：《荔浦民间故事集》（收入民间故事190多个）、《荔浦民间歌谣集》（收入民间歌谣2000多首）、《荔浦民间谚语集》（收入民间谚语2000多条）。因成果突出，黄龙言被广西壮族自治区文化厅、区民委、区文艺家协会评为优秀编辑、先进工作者；还被全国艺术科学规划领导小组、中国民间文艺家协会、中国民间文学集成全国编辑委员会评为先进工作者，其业绩登载于《中国当代文化艺术名人》、《国际优秀文艺家辞海》等多部辞书。

黄龙言的创作题材广泛，不拘一格，诗词楹联、小说散文、戏剧评论、寓言童话、快板渔鼓等都有，尤以诗联见长；在他的作品内容丰富，山水风光、政治时事、花鸟虫鱼、兵商等都有所表现。特别是他的山水诗词，意境优美、想象丰富、

→晚霞诗社社长黄龙言（黄龙言 供）

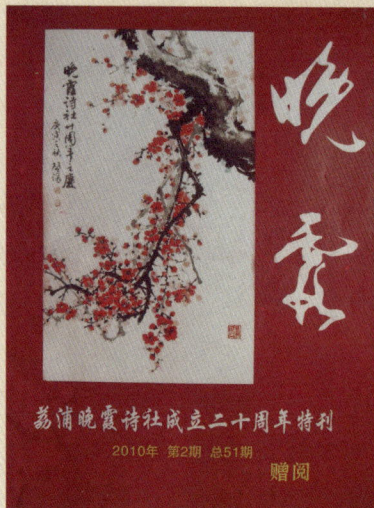

↑黄龙言主编《晚霞》（朱江勇 摄）

↑黄龙言的获奖证书（黄龙言 供）

真诚朴实、寓意深远，以描写荔浦和桂林风光居多，作品中蕴含着浓厚的乡情，又能给人一种清新的感觉。如他写荔浦银子岩"广寒深宫"景点："寒宫独处几千秋，寂寞嫦娥恨未休。当年何必吃仙草，使得夫妻不聚头！"（《广寒深宫》）写银子岩畔桃花林："桃花亿朵笑春风，遍野漫山如火红。馨香阵阵撩人醉，梦里犹逢此景中。"（《银子岩畔桃花林》）写桂林象鼻山："象饮漓江亿万秋，一山烟雨更绸缪。水浮洞影恍如月，月自盘桓水自流。"（《咏象鼻山》）

黄龙言为人谦虚谨慎，乐观热忱，诚恳助人，在逆境中顽强拼搏。1957年，他被错划为右派而失去工作，回家务农，这种突如其来的人生经历，在他诗中也有体现，即"英年曾具凌云志"，却"暴雨倏来成幻篇"。难能可贵的是，黄龙言在逆境中仍然乐观向上，积极进取，待冤案平反后，又一心扑在工作上，为繁荣家乡文化，培养文学新人贡献自己的力量。

1990年退休后，黄龙言创办荔浦晚霞诗社，任社长、主编。至今出版《晚霞》52期，为40多个企事业单位举办各种专刊20余期，为诗词走向社会、建设服务作出了贡献。

二、桂林客家人的节日娱乐

桂林客家人的节日，大多数和当地人一样，主要过春节、元宵、社节、清明、端午、七夕、中元节、中秋节、重阳节、冬至等传统节日，还有社日、牛耕节、尝新节、妈祖诞、姐妹节、还大愿等。

1. 传统节日

元宵节

正月十五为上元节，又称元宵节，灯节。民间都有吃元宵团圆宴的传统习俗。元宵在桂林也叫圆子、汤圆。大部分客家人都会自己包汤圆，其基本原料的糯米粉和熟芝麻粉、猪板油白糖。做法是准备好芝麻馅；先在大碗里放上熟芝麻粉（事先用碾槽或舂槽把炒熟的芝麻碾成粉）、白糖、猪板油（生的），然后用手捏搓直到芝麻粉都结起来成形；把芝麻馅搓成一个个小小圆圆的汤团馅。把糯米粉用30℃左右的温水和成团，取一小块糯米面压扁放上芝麻芯，然后包起来轻轻搓圆。最后把搓好的汤圆放入水中，下汤圆水要多，因为是自己包的皮薄馅多。水开后要用小火慢慢煮，直到汤圆都浮起来。现代社会居住在城里的客家人，因为工作忙碌，没有时间做汤圆，很多人去市场买现成包装好的。

清明节

在清明节这天，客家人要进行家祭。在外工作或者学习的人在清明节这一天都要赶回来，集体去扫墓，祭奠祖宗。上坟仪式通常由家族长辈带领，依次到祖宗坟前祭奠。首先将坟前坟后的杂草修理干净，有时还要修整好坟，之后才将蒸好的不开肚的鸡、肉、三碗饭、三杯酒、果品等祭品摆放好放在祖先坟前祭祀。定时的添酒，一般为三次。同时焚香点烛烧纸钱，行鞠躬礼；礼毕就燃放鞭炮。趁着这个难得的机会，还要在家设清明宴，在桂林临桂等地称为"吃清明会"。

端午节

农历五月五为端午节，客家人将蒲剑、艾草绑成一小把，挂在自家的大门上，以祛除邪恶，还要在屋内外喷洒雄黄酒防止虫蛇进入。这天要家里要杀鸭，包粽子，吃团圆饭。据说鸭在五行中为阴性，在五月五节日中，五在地支中排第五位为"午"，那么这天就是两个"午"，意味着天气湿热至极。吃鸭可以降火消暑，在桂林由于客家人居住比较分散，人数不是很多，所以划龙舟比赛一般不举行。

中元节

中元节是桂林客家的重要节日，有的地方过"七月十四"、有的地方过"七月十五"。在七月十四这天晚上人们要在路口烧纸钱、送水饭等，施舍鬼神，然后燃放鞭炮，以祈平安。除了祭鬼以外，最重要的是祭祀祖先，当天晚上必须在祖宗牌位下焚香点烛，供上果品，烧纸钱，燃放鞭炮，行祭拜礼，俗称送"送祖先"。

中秋节

桂林客家与其他地区过中秋节没有太大区别。这天，在外工作或是学习的应尽可能返回家里与家人一起吃团圆饭。此外，已经出嫁的女儿也要带着一家大小和爱人，提上礼品和月饼等礼品返回娘家与父母团聚。拜月光、吃月饼、赏月等是中秋节的传统习俗。

冬至节

在桂林客家，素来有"冬至大过年"的讲法。随着经济的发展，人民生活水平的提高，客家人对冬至的重视已大不如前。在冬至这天，客家人一家团聚，宴请来访的宾客好友。冬至做白糍粑是必不可少的一件事情。在临桂南边山的客家聚居区，有冬至那天吃两餐的习俗。

小年夜

十二月二十三日为小年夜，部分地区为二十四日，这天要祭灶神，换洗灶君牌位，用各类供品祭祀灶神，送灶神上天奏事。家家户户清扫房屋，准备年货，制作各种风味糕点小吃，如年糕、松糕、萝卜粑等。

除夕、春节

客家人自古热情好客，讲究礼尚往来。在传统的春节里，这种礼节表现得更为显著。客家人家家户户都忙着贴春联、桃符、门神等，早上要用柚子叶烧水来沐浴全身，除去一年之晦气，迎接未来一年的好运。事毕，全家人聚集一起，带好各种各样的供品去祠堂祭祀祖宗。在拜祭祖宗之前，先要去祠堂的外面祭祀天地老爷。然后再把供品等移入祠堂内，点香烛、添酒水、行鞠躬礼、燃放鞭炮。回家后就要准备团圆饭，扣肉、豆腐酿是必需的两道菜。吃过年夜饭，家里人聚在一起烤火聊天、玩耍嬉戏直到第二天凌晨，然后燃放鞭炮。到了大年初一，小孩子起床后第一件事就是向家中长辈拜年，大人则派发红包利市。亲戚邻里也要相互拜年，互道吉利话。大年初一客家人没有外出走亲的习俗，要留在自己家里守财。初二是回娘家的日子，每到这天，嫁出去的女儿带上丰厚的礼品返回娘家，如果是新姑爷和新婚妻子回娘家，按照习俗就要在娘家住下，直到娘家人允许回婆家时才能走，到时娘家人要派人成群结队地将新姑爷有体面地送回婆家。另外，初二是舞狮舞龙登门之时，在村前村后，经常可以见到舞狮子队走家串户，鞭炮齐鸣，锣鼓喧天，给家家户户送来美好的祝福。新年期间的各种游乐活动直到正月十五元宵节才宣告结束。

2. 其他特色节日

社日

在桂林客家地区，很多村寨有二月二做社的习俗。客家人大多数是从中原迁徙而来的，因为相对集中于交通不便的山区，所以使从中原带来的习俗得以保存和延续。桂林部分的客家乡村就盛行从中原带来的习俗——"做社"。做社，就得有社坛，客家人往往以树立社，经常把神坛设在比较高大、古老的榕树或樟树下面，作为社的标志。村庄小的，只选定一个地方，全村人一起做社，村庄大的，则分为两处或两处以上的地方做社，村里做社的人不分姓氏，可任选一处。酌量买回生猪、香烛、酒、柴、油、盐和鞭炮等祭祀用品和必需品，到"做社"那天早上，由"社头"们扛着生猪、桌、锅去到社坛处，把宰好的猪放在锅里加水煮熟，捞起摆在桌上，然后抬到神坛前，并备配其他各种祭品，点燃香烛拜祭。凡参加做社的人家都派出一人，装着香钵、蜡烛等物前来一起参加拜祭，待拜祭完毕，所有参加的人散开坐在一空旷处，共同分享早已分好的用斩碎的猪骨头、猪红（猪血）和米一起煮成的"社粥"。而"社头"们则把猪肉抬到一定的地方，把参加做社的人担来的篮子、盆放在地上排成行，按"社份"分配"社肉"。分"社份"猪肉要肥瘦搭配适当，猪头、猪脚、猪肝、猪肺等每份都要分得均匀。分完"社肉"之后，参加做社的人则认准了自家的篮、盆钵，取出放妥后，欢欢喜喜带回家去。

牛耕节

四月初八为牛耕节，有的地方又称为牛王节。他们认为这天是牛的生日，因为客家人自古多为从事农业，所以客家人对耕牛有很深的感情。在四月初八这天，耕牛可以吃得很丰盛，而且不用下地干活。主人在这天还经常会把牛栏清洁一遍。

尝新节

在桂林的部分客家地区，还有在六月六这天"尝新"的习俗。在六月六当天，客家人把自己家里的衣服和被子洗好，拿出来到太阳下暴晒，这样可以防止衣物发霉，还可以除虫消毒。六月六要把收获的稻米晒干，然后用"新米"磨成米浆，加入糖，蒸成冲糕。品尝着新米糕，客家人脸上呈现出一片丰收的喜悦。

妈祖诞

农历三月二十三日是妈祖的诞辰，妈祖又称天妃、天后、天上圣母、娘妈。根据史料记载与学者的研究，妈祖确有其人，真名为林默，小名默娘，故又称林默娘，北宋建隆元年三月廿三（960）诞生于莆田县湄洲岛，北宋太宗雍熙四年九月初九（987）逝世。林默自幼聪颖，能够预见海灾、灾祸、治病救人，受到民众的

↑荔浦花篢镇伯公社神位（宋富强 摄）

广泛爱戴，成为救急救难的海上护航女神和惩恶扬善的化身，是历代海洋贸易者、船工、海员、旅客、商人和渔民共同信奉的神祇，尤其是在福建、广东、海南、台湾、东南亚中，有着广泛的妈祖信仰。

北宋、南宋、元、明、清几个朝代都对妈祖多次褒封，封号从"夫人"、"天妃"、"天后"到"天上圣母"，并列入国家祀典，从宋朝起至清朝，历代皇帝先后36次册封。在民间和官方的双重促进下，妈祖信仰的传播范围不断扩大，我们南北沿海各地和内陆江河口岸，都有妈祖信仰，各地建有不同称呼的庙宇如妈祖庙、天后宫、天妃阁、圣母宫、圣妃宫等祭祀妈祖。

自宋元以来，漓江就是梧州、广州北上桂林的重要水路交通要道，妈祖信仰也影响到深处内陆的桂林地区。桂林沿江口岸的客家人也信仰妈祖，龙胜瓢里镇桑江边上的客家人温、赖两姓，每年在农历三月二十三妈祖诞时参与各种祭祀活动，他们发起组织抢花炮，请戏班在粤东会馆唱桂剧、祁剧，搞聚餐。今天该地的妈祖诞仍然热闹非凡，镇上组织文艺汇演、商品物资交流会等活动。文艺汇演节目来自瓢里各村镇，内容丰富，有侗戏、彩调、渔鼓、舞蹈、流行歌曲等。

桂林灵川漓江边毛村黄氏客家人祖籍福建邵武，该地也流行妈祖信仰。黄氏祖先自元末明初迁入桂林地区后，开始从事渔业和水上运输业，族人遍及漓江流域的漓江、荔江、茶江等大小河道，妈祖自然成为黄氏族人祈求出船平安、逢凶化吉的保护神，也成为村落祭祀的主神。有研究者对毛村庙宇中的碑刻研究发现，清嘉庆二十一年至光绪二年的百余年时间里，所存碑刻钧将庙宇以"天后宫"命名，将祭祀主神称为"天后圣母"、"天后元君"，说明妈祖信仰在毛村族人信仰体系中的核心地位确定无疑。[6]

爬龙船

桂林灵川漓江边毛村黄氏客家人居住的当地社区，各村落均将龙王崇奉纳入村庙的日常祭祀，在三月三、九月九等特殊的日子，结为众亲的诸村还有专门祭祀龙王的活动，叫众亲会（又称龙船会、龙舟会），周期为每十年一次。

众亲会期间进行一系列活动，包括祭祀龙王、游神、吃众酒、赛龙舟等，热闹而隆重。其中崇奉的龙王神像，实即每年划龙船时安装在船头的木刻龙状船头，在举行爬龙船比赛前一年的除夕，村民焚香擂鼓，将木刻龙状船头（龙王）从村庙阁楼上请下来，供奉在神坛上，比赛时将它安装在船头。赛事结束后，又将龙王从船上卸下，供奉在神坛上至当年九月初九，再将其移至村庙阁楼。

毛村与诸众亲村的众亲会逢丁年举行，有人丁兴旺的寓意，具体时间在丁年农历三月初三至五月初五举行。

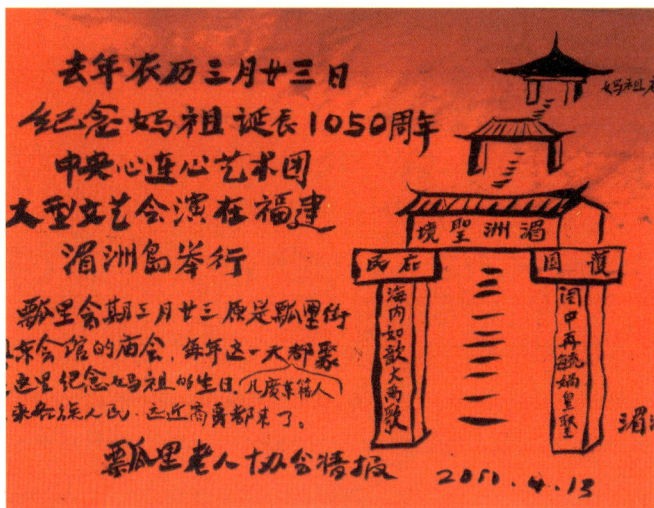

↑瓢里妈祖诞演出海报（朱江勇 摄）

↓瓢里妈祖诞湖南会馆的演出（朱江勇 摄）

　　通常由一个村向众亲的一个村或几个村落发起邀请，受请方则另择吉日回请，因此众亲会持续时间较长。凡参与赛龙舟的村落，都有龙舟、龙船，所有宗族成员均为船丁。为了表示对兄弟村落的尊敬，称对方的船为紫龙船，称对方为大哥或大姐，自称小弟或小妹。

　　爬龙船带有一定的竞技性，规模大、耗资巨、持续时间长，它不但是诸众亲村落交流的平台，而且是对各村落或宗族经济实力的检验。爬龙船那天，毛村全体青壮年在圣母宫内集合，端上猪头、松糕、糖食果品、香纸、蜡烛、鞭炮之类祭祀庙里的各位神灵，然后开始鸣炮，接着打起划船鼓，敲划船锣，唱划船歌。众人聚集江边，与其他各村再祭龙船和河神过后，开始划龙船比赛。划船过程中，每一个环节都有歌曲：《齐人歌》、《出船歌》、《上水歌》、《迎船歌》、《弯船歌》、《胜歌》、《败歌》等。

↑毛村至今会唱龙船歌的黄保山和黄宗林（朱江勇　摄）

　　至今毛村的老人们还会唱："三月三，爬龙船，龙船下水保平安"，《出船歌》："吔呀喔哟嘿，喔哟喔哟嘿，吔呀喔嚯嗨，哟喔嘿！"歌声雄浑，时而高亢时而低沉，鼓声隆隆，鞭炮声如惊风急雨，全村老少都在岸边观看比赛，一条大河里漂满了笑语歌声。爬龙船比赛，既是毛村客家人对自己生存方式的礼赞，也是毛村客家人精神放纵的表达。

↓毛村人爬龙船的牛马河（朱江勇　摄）

↑荔浦青山大蜡村（杨贵 摄）

姐妹节[7]

客家人很看重亲情，他们往往都会很顾家，对父母很孝敬，对兄弟姐妹也很照顾，这不仅维系着他们的血缘关系，而且使他们更加团结，在困难的时候共渡难关。每年农历五月十六日，桂林荔浦县青山镇大蜡村"大腊姐妹节"，就是桂林客家人一起分享节日的快乐和幸福，体现亲情、乡情之纯真与和谐的节日。

"大腊姐妹节"可谓袖珍型传统节日，范围之小恐怕是全国之最，唯大腊村独有，但其中的甜酸苦辣只有大腊人知道。如今的"大腊姐妹节"这个民风淳朴、亲情浓郁的节日，在县内外颇有影响，且得到社会认同，它蕴含着人性之善美。

姐妹节是因一次洪灾而约定俗成的，一直沿袭至今，已有百多年史。据《荔浦县志》记载：清光绪十五年（1889）农历四月廿四至五月初六前后，荔浦县境内连降大雨，山洪暴发，河水泛滥，冲倒房屋，淹坏田禾，溺死数人。

大腊村地处荔江北岸，是修仁河、茶城河、龙怀河三条河流汇合的回湾处，依山临水，土地肥沃，环境优美，全村几十户人家全为李姓客家人，无他姓杂居，亲情之浓不言而喻。正是因为这次大水，人们准备过端午节包好的粽子和做好的佳肴

↑回娘家过姐妹节（杨贵 摄）

↑姐妹节的团聚（杨贵 摄）

还来不及享用，就举家逃离家园，上村后的山上避难了。在山上，村民们眼巴巴地看着庄稼被一片汪洋淹没，牲口被冲走，部分房舍坍塌而欲哭无泪。这次洪水浸泡将近五天！洪水渐退后，村民纷纷下山赶回家中，面对疮痍满目的家园，大家不是沮丧和无奈，而是相互帮助和鼓励，老少一齐动手奋力自救，清除淤积的泥巴、扶正庄稼。

大腊村嫁出去的女儿们闻讯后，不约而同地赶回娘家看望受灾的父母兄妹，有的还带上丈夫儿女回来，有钱出钱，有力出力，帮助家人重建家园，共渡难关。大家本来就同宗共祖，在这种特殊时刻，姐妹们久别重逢更觉亲切，待各家收拾停当已是农历五月十六日了，离别前各家各户自然要弄些酒菜，就此凑到一起摆成长龙宴共同分享。席间，大家互相安抚、互相勉励，尊老爱幼，亲情和谐溢于言表。这时，有年长的姑婆们提议：从今往后每年的今天就是我们姐妹姑侄团聚的日子，凡嫁出去的女儿定要回娘家看望父母乡亲。于是约定俗成，世代传承，长盛不衰。这便是大腊人不过端午节而兴过姐妹节的由来。

姐妹节这天家家户户除弄好酒好菜款待亲朋外，仍有包粽子做艾粑的习惯；村里的富户有时还请戏班来唱大戏或放电影，晚上更热闹，胜过过年。

现在，村民们的生活富裕了，家家有新房、电灯、电视，家用电器一应俱全。但是节日的热烈气氛并没有因此而淡化，相反，姐妹节这天，人们像赶庙会一般涌入大腊村，村道旁停满了各种车辆，村头巷尾一片欢声笑语。来访者有主人的亲戚、亲戚的亲戚；有朋友、朋友的朋友或老同学，也有子女们的朋友……认识或不认识的，来的都是客，无论到谁家主人都高兴，一律热情以礼相待，谁家的客人越多主人越高兴，并以此为荣。

抢花炮[8]

抢花炮原是广西少数民族同胞的民间体育运动，在桂西及桂西北地区很流行。客家人来桂林后，积极参与、发起组织抢花炮活动，像以前桂林龙胜瓢里温、赖两姓客家人，在每年农历三月二十三日妈祖诞生日那天，不但组织戏班唱戏、聚餐，还在发起抢花炮活动，当地各族人民共同参与。桂林灵川漓江边的毛村黄氏客家人，也在妈祖诞那天聚集到圣母宫前面的平地上，举行抢花炮活动。

民国时期，荔浦境内有多处庙会，最有名的有"阿婆"庙会和"尚书爷"庙会，庙会期间常举行抢花炮体育竞技活动，荔浦客家人积极参与这个活动。荔浦的抢花炮与壮族的抢花炮形式上大同小异，但荔浦人却赋予它丰富的内涵，融地方文化、民间工艺、武术表演及祭祀活动于一体，深受人民大众之喜爱。

荔浦得天时、地利、人和之优势，历来农业、手工业和商业非常发达，清朝初年，荔城已是广西四大名镇之一。各路商贾、作坊业主纷至沓来，投资办厂、经商贸易。会馆是权利和财富的象征，也是异地同乡们集聚议事的重要场所。荔浦城内著名的会馆有江西会馆、粤东会馆、福建会馆和湖南会馆等。会馆建筑宏伟，各具特色，有非常强烈的地域代表性。殿内金碧辉煌，雕梁画栋；殿外飞檐翘角、壁画虫鱼花鸟、浮雕飞禽走兽、典故人物……会馆建在当时城中繁华地段宝塔脚、水门口一带，错落有致，蔚为大观，是荔浦古建筑群之一。

每年农三月廿三日是后天宫主"阿婆"神的诞辰，也是她出宫巡视、体察民情之日，荔浦人称之为"阿婆出游"。

"阿婆"供奉在粤东会馆后宫殿（又称阿婆庙），泥塑金身、头戴凤冠、身着龙袍，慈眉善目。"阿婆"原是福建、广东人信奉的妈祖神，是他们的精神支柱。由于定居荔浦的闽、粤人越来越多，生意越来越红火，后来索性把妈祖神接来荔浦敬奉。据说"阿婆"赐福消灾特别灵验，有求必应，因此阿婆庙里一年四季香火旺盛，参拜者络绎不绝，供祭时顶礼膜拜，虔诚至极，久而久之，信仰敬奉"阿婆"不再是闽粤人的专利，而是荔浦人共有的精神财富了。

1945年日本侵略者无条件投降，举国欢腾，庆祝抗日战争的伟大胜利。民国三十六年（1947）"阿婆出游"恢复，此次庙会盛况空前。

"阿婆出游"前三天，县城各主街口都建起一座青松拱门，张灯结彩，喜气洋洋。阿婆庙门前的戏台下，人头攒动，人们开始看戏了，三天三夜好戏连台，粤剧、闽剧、桂剧、湘剧、彩调、渔鼓等轮流登台义演，热闹非凡。廿三日一大早，阿婆庙里烛光熠熠，香烟燎绕……祭祀毕，"阿婆"经梳洗打扮，乘坐八人大轿缓缓出宫，此时锣鼓喧天、鞭炮齐鸣、以鼓乐队为先导，吹吹打打，"阿婆"巡游开始。"阿婆"稳坐轿内，敞帘让人们敬仰观瞻；随后是各乡镇的龙狮队、排灯队、高跷队、旱船队、抢花炮队和民间文艺团体的故事台等方阵。故事台上的童男童女或扮成《白蛇传》中白娘子和小青，或扮成《哪吒闹海》中的小哪吒，或扮《宝莲灯》里的小沉香等，一台一个故事，主题鲜明人物靓丽鲜活。龙狮队数湖南会馆的金角老龙最引人注目，龙全长80米，龙身直径70厘米，龙头高3米，需25名彪形大汉默契配合方可舞活，最多坚持20分钟就得换一拨舞者。直径1米的大铜锣（又叫太平锣）两人抬着走，咣——咣——咣！锣声震撼大地，响彻云霄，昭示着太平盛世、五谷丰登；两位现代彩装童男，骑着高头大马，由马夫呵护，身穿咔叽童子军服，腰别左轮真枪，威风凛凛，俨然童子军的文官武将。孩子们投来羡慕的目光，一路追逐观看，铸就一道靓丽风景。这便是荔浦著名客家武馆——兰英堂抢花炮队的先导队。

　　各路抢炮队均为青壮年，由武师率领、腰系绸缎彩带，一副势在必得的架势，旌旗招展，虎虎生威。其中不乏客家人的抢花炮队，如青山的邹三桂武馆队等。

　　沿途居民家家杀鸡宰鸭，烧香设案在家门口恭迎阿婆光临，主妇们口中念念有词，祈求平安吉祥。因当时街道较窄，路面又是镶嵌河卵石，游行队伍只能缓慢前进，环城一周，逶迤延绵数里。

　　上午游行结束，阿婆摆驾回宫后，人们便潮水般涌向县操场了，抢占一席之地以观看下午的抢花炮比赛。操场周围的土坡上人山人海，人声鼎沸，下午一点钟左右，一声令下，三声炮响，用红布条缠绕的环形炮圈——"添丁"炮、"财源"炮和"水陆平安"炮依次被土铁炮送上天空，未待炮圈落下地，几十支抢炮队就蜂拥而至准备抢夺了。竞争非常激烈，尤其"添丁"第一炮，争抢中几乎到了野蛮动粗的程度，故每次抢花炮人员都有不同程度的受伤。即便如此，如同西班牙的奔牛节一样，不论是满载而归的胜利者还是无功而返的参与者，他们虽一身汗水一身泥，却无怨无悔一脸灿笑，因为他们收获了一份快乐并尽情地享受着快乐。

注 释

[1] 黄滨：《清代客家移民对广西的经济发展》，《粤西文化与中华文化研究》，广西师范大学出版社，1993，77页。

[2] 钟文典：《广西客家》，广西师范大学出版社，2005，65页。

[3] 刘道超：《信仰与秩序——广西客家民间信仰研究》，广西师范大学出版社，2010，82页。

[4] 黄秀清口述，朱江勇整理。黄秀清，1940年出生于桂林往返梧州的货船上（漓江船上人家，客家人），后嫁桂林市灵川县大圩镇毛村。朱江勇于2010年10月28日晚7点至9点采访她。她讲述了漓江船上人家嫁女风俗中的"坐烛"。

[5] 刘道超：《信仰与秩序——广西客家民间信仰研究》，广西师范大学出版社，2010，87页。

[6] 刘道超：《信仰与秩序——广西客家民间信仰研究》，广西师范大学出版社，2010，82页。

[7] 姐妹节主要参考荔浦老年大学杨贵先生提供的文字材料《姐妹节》及图片。

[8] 抢花炮主要参考荔浦老年大学杨贵先生提供的文字材料《抢花炮》。

第六章 数风流人物：桂林客家名人

一、罗大纲

罗大纲，原名罗亚旺，广东潮州府揭阳县人，著名的天地会领袖之一。

1846年，罗大纲进入广西，在荔浦县马岭圩以开染房为掩护，暗地里与另一位广东人李亚佑合作，发展天地会，拜盟歃血，密谋反清。于是，荔浦、修仁、蒙山各地群众纷纷拜台结盟，反清声势浩大，并以武装反抗清军的镇压。

1851年1月11日，罗大纲率领天地会成员参加了震惊中外的金田起义，在太平军中任左二军军帅。同年9月下旬，罗大纲奉命带领先头部队攻取永安州，使太平军进入永安州的半年时间，进行修养整顿、封王建制、肃清内奸等工作，为以后进军江南，定都天京打下了基础。

在永安突围战中，罗大纲再次承担开路先锋这个光荣而艰巨的任务。他率领的先锋队先后捣毁清军营垒、关卡二十多处，把敌人打得七零八落，这次突围战的胜利，不仅保证太平军脱险北上，而且还缴获了大批火药和其他军用物资。接着罗大纲继续担任前锋北上，过桂林、入兴安、破全州，此后，罗大纲在洪秀全、杨秀清的领导下，挥师湘鄂，进军江南。太平军攻占南京以后，罗大纲奉命继续前进，攻占镇江，使之成为捍卫天京的前沿阵地。罗大纲因屡立战功，屡被晋升，先后任一总制、金官正将军、殿左一指挥、殿左五检点、冬官正丞相等职，成为太平军中著名的将领。

→罗大纲（黄赟 绘）

罗大纲把守镇江期间，他出示安民，下令不许掠夺，号召当地群众把物资卖给天平军，保证"价格公道"，"决不短少"。他把收购的物资，用船运往天京。同时，他在镇江境内禁止吸鸦片，劝告洋人"不应再卖鸦片"，主张中外通商、平等贸易。

1854年3月，罗大纲奉调镇守安庆、支援太平军西征。在1855年的鄱阳湖水战中，太平军用火箭喷筒发射火药，将围困在湖内的敌船烧毁，大败湘军水师。罗大纲乘势追夺曾国藩的座船，并杀死曾国藩的管驾官，缴获其全部文集。曾国藩在惊慌中投水寻死，后被其部下救起，落荒而逃。鄱阳湖水战，是太平军西征的转败为胜、扭转乾坤的战斗。罗大纲勇猛机智，视机进取，杀出了军威。过后，罗大纲镇守九江湖口的战略要地。1855年夏，罗大纲在战斗中不幸光荣阵亡。

二、陈嘉

陈嘉（1839～1885），字庆余，原籍福建诏安县，6岁随父母逃荒至广西，先在修仁县建陵街居住，靠父母打工度日，后举家迁居荔浦县马岭圩五更地。

陈嘉因家贫无力入学，12岁便参加劳动，17岁投军，因战功卓著，从百夫长擢升千总、守备、游击、参将、副将、总兵等职。

1884年8月，中法战争爆发，陈嘉奉命率领镇南军出关，在船头沿河一带与法军激战四天。他奋勇当先，裹创力战，击溃法军，10月克陆岸县城。清廷赏穿黄马褂，以提督名义交军机处记功。12月，陈嘉挥师与法军战于纸作社，打败法军，击毙军官4人，士兵200余人，清廷以其功，简放贵州安义镇总兵，再次赏穿黄马褂。

1885年初春，法军大举进攻镇南关，关前隘阵地东岭5个堡垒被敌军占领3个，形势十分危急。陈嘉奉命进援东岭，夺回4号、5号堡垒，接着再猛攻东岭3号堡垒，反复争夺，七上七下，陈嘉身负四伤，最后把3号堡垒攻下。接着，陈嘉率军出关，参加克复凉山的战斗，法军全线溃退，清军分路追击，陈嘉为东路军前锋，连攻下坚老、威坡、谷松等地。清政府以功赏赐陈嘉头品顶戴，云骑尉世职。此时，陈嘉伤痛日重，回凉山疗伤。可是一有敌情，陈嘉仍要士兵用竹轿抬他到前线指挥。4月，越南战场停火，清军奉命北撤，陈嘉受命驻镇南关，设营务处于关前隘。当时，陈嘉遍体鳞伤，各处伤口取出碎骨一碗有余，未拔出的铅弹尚有十多颗，加上历次战斗中流血过多，虽送回龙州治疗，但因伤重难治，终于当年8月13日（农历七月初四）逝世，卒年46岁，后葬于荔浦县马岭乡五凤领。

为纪念陈嘉抗法有功，清政府谥"勇烈"世袭骑都尉兼一云骑尉，并将他的生平战绩付国史馆立传，同时，还在龙州建祠，春秋祭祀，以表忠烈。

今荔浦银子岩景区内有抗法英雄陈嘉墓。

三、李天佑

李天佑（1914～1970），1914年1月8日生于临桂县六塘镇高陂寨，自幼家贫，只上过两年私塾，辍学后上山打柴草，赴圩卖草席，也卖过豆腐，还在桂林一家米粉店当过学徒。1928年6月，14岁的李天佑投身北伐名将李明瑞部下，成了一名勤务兵。次年6月，被选送至广西教导总队学习，参加了南宁兵变，后随部队从南宁开赴百色，并在百色加入了中国共产党。同年12月，参加百色起义，任红七军特务连副连长。16岁参加隆安战斗和攻打贵州榕江县的战役，冲锋陷阵，多次负伤。1930年5月回师右江，在攻打马鞍山、收复百色、奉议、恩隆的战斗中，又两度负伤，仍坚守职责，视死如归。

1930年9月，红七军奉命北上中央苏区。在攻打湖南武冈县城和广东乳源县梅花村的战斗中，李天佑的特务连浴血奋战，为全军开路，掩护部队冲出重围。抢渡乐昌河之役，全军被敌军截为两部，李天佑率领特务连冲入敌阵，敌溃逃，一

→李天佑

枪不响就吓跑了敌人。1931年4月至7月，李天佑参加中央苏区第二、第三次反"围剿"，率领特务连长途奔袭，屡获奇功。李天佑以英勇善战，被全军誉为"小老虎连长"。

1932年初，红七军围困赣州城，将3口装满炸药的棺材，抬进城墙下的坑道，炸开几十米缺口，李天佑率特务连70多名战士组成敢死队，冒着弹雨硝烟攀登城墙，身中三弹，跌下城墙，后被通讯员发现抬出阵地，九死一生。

伤愈后，这位年仅18岁的客家小战将，任五十八团副团长。1933年1月任五十八团团长，率部参加第四次反"围剿"，参加黄陂、草台岗等战役。同年6月，红七军改编为红三军团五师十三团，李天佑任团长。9月，该团在福建南平县西芹与敌一个团肉搏，乘胜追杀数十里，创造我军一个团在运动中歼敌一个团的辉煌战例。他所带领的十三团被授予"模范团"称号，他则荣获三等红星奖章。军团长彭德怀曾拍着19岁的李天佑的肩头说："小鬼，你年龄不大，指挥打仗还真有本事。"10月，在第五次反"围剿"中，李天佑率领十三团配合兄弟部队在黎川县洵口歼敌一个师。

1934年10月，红军开始长征。李天佑率领红五师担任军团前卫、阻击和掩护任务，在广西灌阳县新圩阻敌两个师，激战三昼夜，掩护中央纵队安全渡过湘江。

1935年1月转任红三军团作战科长，在军团参谋长叶剑英的直接领导下，先后参加了攻克娄山关、遵义城，四渡赤水和四渡金沙江的战斗。10月抵达陕西吴起镇，接任陕甘支队二纵队十大队大队长。11月，改任红一方面军一军团四师十团团长，率部参加直罗镇战役。12月，任一军团二师副师长，随红军主力东渡黄河，横扫半个山西。

抗日战争爆发后，红军改编为八路军，李天佑任一一五师三四三旅六八六团团长。1937年9月，李天佑参加了平型关痛歼敌板垣师团的战斗，平型关大捷打击了日本鬼子的嚣张气焰，鼓舞了全国人民的抗战信心。次年任三四三旅副旅长、代理旅长，率部转战吕梁山区，参加开辟晋西南抗日根据地，痛歼由太原南犯之敌，缴获敌汽车72辆，大米3000多包，又消灭鬼子600多人，缴获战马200多匹，大炮3门，步枪200多支和大量弹药，他还亲率一个连狙击日寇，保护了第二战区的司令长官卫立煌脱险，卫惊赞："八路军真能干！"随后，卫赠送八路军10万发子弹，

↑李天佑夫妇墓（宋富强 摄）

→李天佑指挥的平型关战役

以示感谢。1938年底，奉派赴苏联伏龙芝军事学院学习。1944年返回延安。1945年参加中共"七大"会议。

日本投降后，奉命转赴东北，任北满军区参谋长，4月在哈尔滨，任松江军区司令员兼哈尔滨卫戍司令员，主要任务是剿匪和建设东北根据地。他三次出击，支援南满的战争。1947年5月，任东北民主联军第一纵队司令员。在东北全线反击的夏季攻势中，率部参加夏、秋攻势，与第二纵队配合夺取了公主岭等阵地。1948年1月，改任东北野战军第一纵队司令员，率部参加冬季攻势，战斗在北宁线，解放辽阳、鞍山，攻克四平等战略要地。接着率一纵队东进，参加辽西会战，直扑沈阳，与四野的其他部队解放东北全境。在东北，一纵队成为令敌人闻风丧胆的劲旅，所向披靡，李天佑也被誉为"战将"。

辽沈战役后部队整编，一纵队改番号为中国人民解放军第三十八军，李天佑任军长，并率部入关，参加平津战役。他和梁必业政委指挥两个军从西路杀进和平门，与从东路杀进民权门的两个军会师金汤桥，全歼天津守敌13万，俘天津警备司令陈长捷。3月，任第四野战军十三兵团第一副司令员。9月，参加第一届全国政协会议。不久挥师南下，参加解放华北、华中、华南的战役。

新中国成立后，任广西军区副司令员、司令员，在肃清广西匪患中受到毛泽东的嘉奖。1954年入南京高等军事学院战役系学习。1955年被授予上将军衔。1957年以后，先后任广州军区第一副司令员、代司令员、解放军副总参谋长、中央军委委员和国防委员会委员等要职，参与领导全军训练、备战、援外和部队建设等工作。他是中共第七、八、九届代表大会代表，中央委员，全国政协第一届委员，全国人大第一、二、三届代表。他是战功显赫的开国元勋，被誉为"一代名将"。

1970年9月27日，李天佑因病在北京逝世，享年56岁。2004年4月1日，李天佑与夫人杜启远魂归故里，同葬于桂林尧帝园。

李天佑是客家人的骄傲，是骁勇善战、横扫千军如卷席的杰出将领，为新中国的成立立下了不朽功勋，为客家杰出人物史谱写了光辉灿烂的一页。

四、陈光

陈光（1918～1949），原名陈益昌，后改名陈扬，1918年2月8日生于广东省梅县南口圩下村。少年时，父亲惨死在资本家手中，身为共产党员的姐姐陈安被敌人逮捕后遭到杀害，他立志继承姐姐的革命事业。1932年，陈光靠叔父的资助，考入梅县东山中学。抗日战争爆发后，陈光被迫辍学回到家乡的星聚小学任教。1938年，在南口党组织的教育培养下，陈光加入了中国共产党。同年冬，任中共南口区委书记。

国民党顽固派制造南委事件后，陈光的活动逐步引起敌人的注意。1943年，在组织的安排下，他转移到广西。1946年4月，陈光任中共柳州特支书记。1947年春，调任桂东区特派员。7月8日，国民党桂系当局在桂林制造了"七月事件"，桂林市内党的工作面临极大的困难。8月，陈光再次临危受命，中共桂柳区工委把他调来桂林任特派员。9月，任中共桂林临工委书记。

陈光到达桂林后，根据上级指示精神，经过调查分析，确定桂林党组织的工作

←陈光遗像（宋富强 翻拍）

↑陈光烈士纪念塔（宋富强 摄）

方针是"审查干部党员，巩固扩大党与群众组织，深入下层，大胆放手发动群众斗争"，他抓紧审查党员，尽快恢复和巩固党组织和群众组织，指导开展对敌斗争。至1948年底，中共桂林临工委发展新党员66人，还建立和进一步发展了党的外围组织爱国民主青年会。

1949年1月，中共广西省城工委在桂林市东郊（今穿山乡）江东村122号召开全省城市干部会议，研究和部署如何迎接广西解放等工作。陈光参加会议，并为会议起草决议草案。会后，省城工委决定成立中共桂林市城市工作委员会，任陈光为书记。

1949年2月，中共桂林市城工委在驻地举办党员干部训练班，培训来自广西大学和桂林市部分中小学校的10名党员骨干。陈光分析国际国内形势和桂系集团的反动本质及其没落的必然趋势，并结合形势，组织党员讨论和明确了如何开展城市工作、以及党员联络的相关问题。

为迎接桂林的解放，陈光领导全市党员，大力开展反对国民党统治的政治斗争。另外，他还成功地领导了多次较大规模的群众斗争。市城工委在陈光主持下领导的这些群众斗争，极大地鼓舞了桂林人民的革命斗志，给国民党桂系当局以沉重打击。

繁忙的革命工作，使陈光顾不上自己的身体和家庭，导致身体虚弱，常常患病。但是他对这些全然不顾，一心一意投入广西的解放事业。

为了宣传中国共产党和人民解放军的政策，发起宣传攻势，省城工委决定5月14日晚上在桂林、柳州、南宁三市同时散发革命传单。陈光多次主持城工委会议研究行动方案，并拟定《告桂林各界人民书》。14日晚，100多名党员、爱青会员和进步群众在桂林的各主要街道同时散发《中国人民解放军布告》（《约法八章》）、《告桂林各界人民书》、《警告特务书》等传单，这极大地鼓舞了人民群众的斗争热情，而让敌人陷入恐惧之中。

10月3日，陈光从柳州参加完省城工委会议后回到桂林。次日，他召集市城工委领导成员传达会议精神。会后，被叛徒黄廷流出卖，陈光同志于10月5日早上被十几个特务逮捕。敌人为获取党组织的机密，动用了各种刑具。但陈光坚贞不屈，誓死不渝。敌人始终一无所获。在狱中，陈光还给难友讲革命形势，背诵《将革命进行到底》的主要段落，鼓励他们坚持斗争。

1949年11月11日下午6时许，陈光被特务扣颈反绑着推上汽车，当行至桂林火车北站前的一片空旷地带时，敌人用力将一个满身伤痕、行动迟缓的陈光推下车，随后枪声在他身后突然响起，他倒在了血泊中，光荣牺牲，时年31岁。

1951年1月14日，人民将陈光烈士的遗骸移葬于七星公园七星岩下，并树碑立传。1993年11月，陈光烈士墓、纪念塔被桂林市确定为第一批爱国主义教育基地。

五、钟文典

钟文典（1924～2010），男，汉族，广西蒙山人。

钟文典自幼天资聪颖，好学敏思，青年时代，不辞艰辛，求学西南。1946年，他以优异的成绩考入北京大学，先后读于政治系、历史系，师从沈从文、王铁崖等著名学者。1950年毕业留北京大学工作，师从郑天挺教授进修中国近代史。1951年9月至1952年6月，随北京大学土改工作队到广西柳城、鹿寨参加土地改革。1952年，应广西大学校长杨东莼先生之邀，受聘广西大学，任史地系助教。1953年转入广西师范学院（今广西师范大学）历史系任教，曾任系副主任、主任，兼任广西师范大学地方民族史研究所所长等职。

钟文典1978年评为副教授，1981年晋升教授。1981年起任硕士研究生导师，并指导留学生。他杰出的工作业绩得到党和政府的高度肯定，1983年获"广西先进工作者"称号，1989年评为广西和全国优秀教师，1992年评为广西优秀专家，并获政府特殊津贴，1993年获曾宪梓教育基金会二等奖。2009年荣获"中国老教授协会教学科研先进工作者"称号，2010年荣获"八桂名师"称号。

→钟文典教授

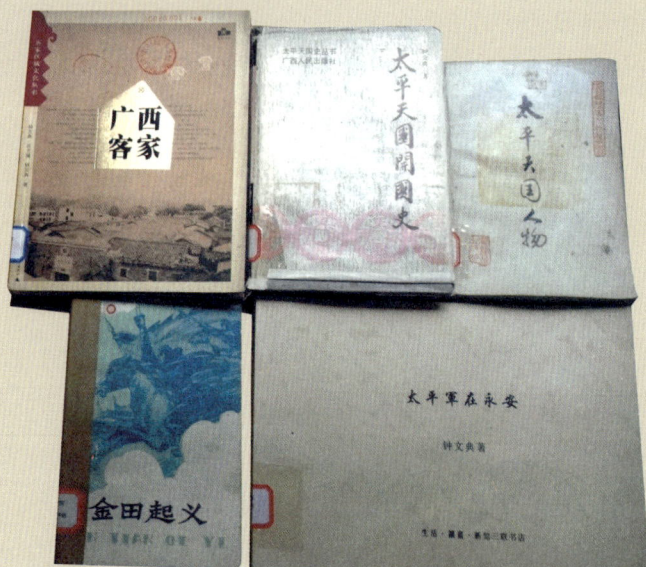

↑钟文典教授著作（部分）（宋富强 摄）

↑钟文典教授和他的弟子

数十年来，钟文典潜心治学，笔耕不辍，在中国近现代史、太平天国史、广西地方史、客家历史文化等多个领域进行了开拓性的研究，并取得了丰硕的成果。先后出版《太平军在永安》、《金田起义》、《太平天国人物》（获广西第二次社科优秀成果一等奖）、《太平天国开国史》（1993年获广西高校社科优秀成果一等奖）、《广西客家》等专著。主编或参与撰写《太平天国史》（丛书，21种）、《我的祖国》（丛书，4种，被教育部图书馆工作委员会指定为学校图书馆装备用书）、《20世纪30年代的广西》（获广西第四次社科优秀成果二等奖）、《广西近代圩镇研究》（获广西第六次社科优秀成果一等奖）、《广西通史》（3卷本，获广西第七次社科优秀成果一等奖）等专著，发表论文80多篇。

钟文典教授热爱人民，一生追求进步追求真理，对工作负责，对同志对人民热情。他忠诚于党的教育事业，将满腔热情挥洒在三尺讲台上，六十多年来，他教书育人，默默奉献，呕心沥血，为我国高等教育、广西史学队伍建设倾注了毕生心血。他以高度负责的教学态度、高超的教学技艺、高雅的教学风格，培育了一代又一代史学人才。他亦师亦友、言传身教的大师风范，常讲常新、不断探索的教学精神，深入浅出、简洁洗练的语言风格，敏捷的思维、深邃的见地、渊博的学识，令人高山仰止，为后世垂范。

钟文典教授还是一位非常有影响力的社会活动家。他长期担任中国历史学会理事、中国太平天国史研究会主席团主席、广西社科联副主席、广西地方志编纂委员会委员、广西历史学会会长、广西儒学学会名誉主席、广西文史研究馆名誉馆员等职务。2003年10月，他在广西历史学会第十次会员代表大会上当选连任会长，还曾任自治区社科联第一、二届委员会兼职副主席，桂林市社科联第一届委员会主席。

钟文典教授孜孜不倦的学术追求、不断创新的学术境界、老而弥坚的治学精神，以及坚持文献研究与实地调研相结合的治学方法，是科研工作者的榜样；他用毕生心血培育桃李，用博大的胸襟提携后生，用严谨执著的态度对待学问，是人民教师的楷模；他正直无私、淡泊名利、谦和宽厚的做人准则，是中国知识分子的楷模。

钟文典教授是广西师范大学和广西史学界的骄傲，他以自己的教师生涯阐释着"学高为师，行为世范"的内涵；他以自己的教育生命践行着"尊师重道，敬业乐群"的校训；他以独特的人格魅力在我们心中树起了一座高尚的道德文章丰碑。

↑电影《刘三姐》中的黄婉秋

↑黄婉秋在《追舟》中饰陈妙常（马艺松 供）

六、黄婉秋

"刘三姐"黄婉秋（1943～　　），桂林永福县人，祖籍广东梅县。1956年进入桂林艺字科班学桂剧，取艺名为艺群。1960年在彩调剧电影《刘三姐》中饰歌仙刘三姐，闻名中外。

电影《刘三姐》不仅在国内深受欢迎，在海外也深受华人喜爱，黄婉秋的形象也就成了人们心目中的刘三姐，不管她走到哪里，人们都叫她"刘三姐"。电影《刘三姐》受到中外观众的喜爱和赞赏，黄婉秋也成为那个时代最耀眼的明星，该片在香港、澳门及东南亚放映时，被誉为"山歌片王"，还被评为世界十部最佳影片之一。在美国、新加坡、马来西亚等国，电影《刘三姐》的上座率最高，各国影评家撰文称该片是"世界民歌之王"。柬埔寨西哈努克亲王观看该影片后，感叹地说："看了《刘三姐》，就好像喝了一瓶上好的红酒，如此香醇。"著名艺术家乔羽说："人们说到刘三姐，就说到黄婉秋；提到黄婉秋，便提到刘三姐。在人们心中，好像是刘三姐是什么样，黄婉秋便是什么样；黄婉秋是什么样，刘三姐就是什么样。这是艺术上的大成功。这个成功使刘三姐这个人物成为雅俗共赏的艺术形象，也使黄婉秋这个演员成为广大观众最亲密的朋友。"乔羽还说："刘三姐是广西沃土上开出的一朵光彩夺目的佳花，黄婉秋则是这朵佳花结成的果实。"

电影《刘三姐》的艺术魅力吸引了无数国内外观众，该影片在1963年举办的第

↑黄婉秋出席全国政治协商会议（刘三姐网站 供）

↑黄婉秋（中）在新加坡献爱心演出（刘三姐网站 供）

二届《大众电影》"百花奖"评选中荣获最佳摄影奖、最佳音乐奖、最佳美工奖和最佳男配角奖等多个奖项，而黄婉秋也获得了最佳女演员三等奖。

由于黄婉秋在艺术表演上取得的巨大成就，深受观众的爱戴和尊敬，因而获得了许多荣誉。她曾担任全国政协第7、8、9、10届委员、中国戏剧家协会理事、中国电影家协会会员、中国民族声乐研究会理事、中国民族文化促进会理事、中国国际文化交流中心广西理事、广西海外友协理事、广西文联副主席、桂林市文化局副局长等职。现任桂林市刘三姐集团董事长、刘三姐艺术团团长。

20世纪80年代至今，黄婉秋多次应邀到中国香港、日本、新加坡、马来西亚和泰国等地演出，被誉为"歌仙"和舞台世界的大英豪。

电影《刘三姐》中唱山歌的黄婉秋家喻户晓，她作为桂剧科班出身的学员却鲜为人知。黄婉秋在桂剧艺术方面也卓有成就，演出了很多桂剧传统戏，如《追舟》、《打金枝》等。

现在，黄婉秋虽然年届古稀，但是艺术青春不老，依然活跃在演出舞台上，闪耀着艺术生命的光辉，鲜艳夺目。

第七章

豪杰留脚印：客家名人与桂林

翻开中国近现代史，人们会惊奇地发现，新思潮接连发生在山海相连的岭南。山水甲天下的桂林，也是英雄豪杰驰骋的桂林。客家人，只是汉民族的一个民系，他们从中原南迁以后不忘中原，漂洋过海走全球而始终心怀祖国。客家豪杰在桂林留下的一串串闪光的脚印，不仅为桂林文化历史名城添辉增色，人们还会惊奇地发现，桂林文化高地就在山水之间，有一种解放思想、变革前进、开放创新的精神，熠熠生辉，光照寰宇。

一、洪秀全率太平军敲醒桂林城

洪秀全（1814~1864），广东花县人。1851年1月11日，即清道光三十年十二月初十日，洪秀全领导了震惊中外的金田起义，革命斗争矛头直指清王朝封建专制统治、外国侵略者。

1852年4月4日，洪秀全在永安（今蒙山）发布突围令，太平军经荔浦、阳朔，日夜行军，于18日到达临桂，对桂林形成大军压境之势。

桂林城是当时广西首府所在地，城墙高达丈余。面对太平军围城，广西巡抚邹鸣鹤急忙调兵回城守护。18日夜，太平军前锋直抵桂林南门，扼守将军桥一带，东占象鼻山，西据牯牛山，40多艘船停泊在訾家洲及象鼻山下漓江上，数千兵力钳形围住桂林城。当时，清军企图"内外夹击"，将领向荣在城内，另一将领乌兰泰率兵数千，从六塘向将军桥扑来。严阵以待的太平军，枪炮齐发，刀矛并用，乌兰泰膝部中弹，千总李登朝当场丧命，其前锋300骑兵大部被歼，乌兰泰逃回阳朔后即死去。紧接着，太平军在象鼻山等高处架炮攻城，击毙参将长明；又在文昌门、南门、西门等处，架云梯，使用新制的"吕公车"，连续奋勇攻城，没攻破。5月19日夜，太平军巧妙撤围，连克兴安、全州，冲出湘桂走廊，将革命推向全国。《临桂县志》载："初一日，解围走，于象鼻山束草为人，炮置药线长绳引之"，清军"闻炮声不绝，加意防守。次日觉知"，则太平军"去已远矣"。

太平天国革命之所以发展迅速，洪秀全《吟剑》一诗道出其真谛：

> 手持三尺定山河，四海为家共饮和。
> 擒尽妖邪投地网，收残奸宄落天罗。
> 东南西北敦皇极，日月星辰奏凯歌。
> 虎啸龙吟光世界，太平一统乐如何！

太平天国于1853年建都天京后，有过建设新天地新文化的宏伟蓝图。从金田起义到天京陷落的14年间，以广西客家为主体的太平军，先后转战于清廷的18个行省，为打破旧世界、建设新世界而英勇奋战。但终因时代和阶级的局限、内外敌人的联合镇压而失败，教训深刻。太平天国的经验教训，给后人多有启示。

二、孙中山挥师进驻桂林城

孙中山（1866～1925），广东省中山市翠亨村人。1921年6月，中华民国非常大总统孙中山，为统一中国，率师3万从广州经梧州，分水陆两路进军桂林，准备北伐。11月29日，孙先生乘船抵达阳朔，在各界人士欢迎大会上，他即席发表《开发阳朔富源之方法》的演讲，说"开发财富，莫如振兴实业也。即就阳朔一县而论，万山环绕，遍地膏腴"，"若诸君知之，知而开发之，则见阳朔皆富家翁也"。这是他早先提出的"振兴中华"和《建国方略》的进一步细化，给人以巨大的鼓舞和激励。

为了迎接孙先生，桂林76个机关团体的代表200多人组成"欢迎孙大总统筹备会"，创作欢迎歌曲，大总统行辕设在王城独秀峰下，从栊木圩到王城的主要街道，都搭起牌楼，家家户户悬挂国旗，张灯结彩，几里长的大街搭盖布篷，路面铺垫松叶。

↑孙中山驻足靖江王城（彭强民 摄）

　　12月4日，孙先生在柘木圩码头登岸，乘汽车往桂林，到将军桥改乘轿子进城。八万多人口的桂林，有三万多人夹道欢迎，盛况空前。当时会师桂林的有粤、滇、黔、赣各路大军，连学校都住满了兵。统一中国，反对军阀割据，建立共和，成为军心民心所向。孙先生做了《知难行易》、《军人精神教育》等报告，当众指明"法、美共和国皆旧式的，今惟俄国为新式的"、"现在俄国就是我们的好榜样"。他会见了共产国际的代表马林，还请马林向军官们做关于俄国革命的报告。马林问孙先生："你的革命思想，基础是什么？"孙先生回答说："中国有一个道统，尧、舜、禹、汤、文、武、周公、孔子相继不绝，我的思想基础，就是这个道统，我的革命，就是继承这个正统思想，来发扬光大。"后来他在《三民主义·民族主义·第六讲》又强调将继承优良传统与学习西方科学技术结合起来，说："恢复我一切国粹之后，还要去学欧美的长处，然后才可以和欧美并驾齐驱……几千年以来，中国人有了很好的根底和文化，所以去学外国人，无论什么事都可以学得到。用我们的才能，很可以学外国人的长处。外国人的长处是科学。"这对于实现中华民族的伟大复兴，仍有现实意义。

　　孙先生在桂林将近半年，深入群众，实地考察，接见各界代表，做了大量工

中山不死

民国十四年
七月於
桂林谢顺慈
敬书

↑王城内孙中山纪念碑（彭强民 摄）

作，为改组国民党、实行"联俄、联共、扶助农工"的三大政策和第一次国共合作打下了基础。他建议在良丰开办广西大学，为振兴中华而培养人才；还改革货币，以利桂林建设。他曾召集桂林各界人士开会，说：在你们看来桂林是很穷了，可是据我看来，桂林并不穷，只要你们肯修河道，修公路，开发矿藏和农业，桂林就可以建设得很美丽，很富裕。

孙先生一再强调，广西要富起来，必须开辟道路。桂林至全州的公路，就是由他派人勘测、设计的，开工那天，举行破土典礼，他在公路起点处挖了第一锄。从此，湘桂走廊便有了第一条公路。

前人开路，后人享福。桂林人永远感恩伟大的民主革命先行者、革命家孙中山先生。他为革命而奔走于南洋欧美各国，踏遍全球，志在振兴中华，亦为后人驾驭全球化而树立了榜样。

三、陈寅恪执教广西大学

陈寅恪（1890~1969），江西修水县客家人，出生于湖南长沙，祖籍福建上杭县。清雍正末年，陈寅恪的六世祖陈鲲池从福建汀州府上杭县来苏乡中都村迁南昌府义宁州（1913年分为修水、铜鼓两县）泰乡七都竹塅村。

陈寅恪出身于清朝名宦之家，祖父是湖南巡抚陈宝箴，父亲是著名诗人陈三立。光绪二十八年（1902），陈寅恪随兄衡恪东渡日本，入日本弘文学院，1905年因足疾辍学回国，后就读上海吴淞复旦公学。1910年自费留学，先后到德国柏林大学、瑞士苏黎世大学、法国巴黎高等政治学校就读，1914年因第一次世界大战爆发回国。1918年冬又得到江西官费的资助，再度出国游学，先在美国哈佛大学学梵文和巴利文，后年又转往德国柏林大学攻读东方古文字学，同时学习中亚古文字、蒙古语。留学期间，陈寅恪勤奋学习、积蓄各方面的知识，而且具备了阅读梵、巴利、波斯、突厥、西夏、英、法、德等十余种语言的能力，尤其精通梵文和巴利文。

1925年陈寅恪回国，与当时最有名望的学者王国维、梁启超、赵元任等人被聘为清华大学国学研究院导师，一起并称为清华"四大国学大师"。陈寅恪国学基础深厚，国史精熟，又大量吸取西方文化，故其见解，多为国内外学人所推重，有"教授之教授"的美誉。1939年，陈寅恪被英国牛津大学聘为中国史教授，后因战争关系未能到任。滞留香港期间，他应香港大学中国文学系之邀请任客座教授，后任系主任。1941年12月香港沦陷后，陈寅恪严词拒绝日本人要他出面主持"东方文化学院"，被迫于1942年5月5日举家化装逃离香港，又一次拒命，取道广州湾（今湛江），经郁林（今玉林）、贵县、柳州，辗转到桂林，留广西大学（当时迁桂林雁山）法商学院政治系任教，直至1943年9月离开桂林赴四川成都燕京大学任教。

陈寅恪在广西大学任教期间，曾居在教职员宿舍"红豆院"（今雁山公园内的半山小筑），陈寅恪夫人唐篔为桂林文化名人、台湾巡抚唐景崧之孙女，曾写过《忆半山小筑》一诗："半山有屋两三椽，邻近桃园傍水边。洞口千云红豆树，湖心倒影彩灯船。群鸡啄食竹篱下，稚女读书木塌前。此是雁山幽胜景，名园回首已风烟。"

陈寅恪在广西大学讲授"唐代政治史"，其讲课的教室在雁山公园碧云湖的水楼上。除教学外，陈寅恪在广西大学撰写了《唐代政治史论稿》一书，《朱延丰突厥通考序》、《陶渊明之思想与清谈之关系》等著作，以及《壬午桂林雁山七夕》、《壬午五月五日发香港、七月五日至良丰雁山作》等诗篇。这些作品记录了一位坚持独立之精神、自由之思想的史学大师当时的思想、生命和认知状态，无疑为桂林文化名城添写了浓重的一笔。

陈寅恪对桂林有着深厚的感情，也喜欢桂剧。1959年改编本桂剧《桃花扇》，由广西桂剧团到广州市公演，在中山大学任教的陈寅恪偕同夫人唐篔一同欣赏桂剧《桃花扇》。年届古稀的陈寅恪眼睛失明多年，听戏之后颇为感动，先后作了一首律诗和两首七绝。律诗为《听桂剧改编〈桃花扇〉，剧中香君沉江而死与孔氏异，亦与京剧改本不同也》："兴亡遗事又重游，北里南朝恨未申。桂苑旧传天上曲，桃花新写扇头春。是非谁定千秋史，哀乐终伤百岁身。铁锁长江东注水，年年流泪送香尘。"七绝为《观桂剧〈桃花扇〉，剧中以香君沉江结尾，感赋二绝》，其一："桃花一曲九回肠，忍听悲歌是故乡。烟雨楼台无觅处，不知曾照几斜阳。"其二："殉国

→陈寅恪（朱江勇 翻拍）

忠贞出酒家，玉颜同尽更堪嗟。可怜浊世佳公子，不及辛夷况李花。"足见陈寅恪对桂剧《桃花扇》的重视，对桂林的深厚感情。

四、朱德登上明月峰

1963年1月29日，77岁的朱德和86岁的徐特立健步登上桂林叠彩山明月峰，鸟瞰"千山环野立，一水抱城流"的桂林城全景，触景生情，诗兴勃发。朱德先吟：

> 徐老老英雄，同上明月峰。
>
> 登高不用杖，脱帽喜东风。

徐特立应声唱和：

> 朱总更英雄，同行先登峰。
>
> 拿云亭上望，漓水来春风。

朱德的《登叠彩山赠徐老》以及徐特立的和诗，题刻在明月峰路旁峭壁上，字体遒劲有力，光彩夺目，令人景仰。

朱德（1886~1976），字玉阶，四川仪陇人，无产阶级革命家、军事家、中国人民解放军的主要创建人和领导人之一。徐特立（1877~1968），湖南长沙人，无产阶级革命家、教育家。两位寿星同游桂林七星岩、伏波山、漓江、阳朔、灵渠等景点，还登上海拔200多米的叠彩山明月峰，并留下唱和诗篇，一直传为佳话。

红军长征时，朱德率部路过桂林北部。长征之前，曾到德国、苏联学习马克思主义、研究军事的朱德，于1928年率南昌起义军余部举行湘南暴动后，即上井冈山，同毛泽东领导的秋收起义军会合，史称"朱毛会师"。当时成立的中国工农红军第四军，朱德任军长，毛泽东任党代表，朱德备有扁担，常与战士一起，用扁担挑粮上山。1929年初，红四军转战赣南、闽西，深入开展土地革命。1931年，以瑞金为中心的革命根据地形成。赣南、闽西、粤东都是客家人的聚居地，跟太平天国起义的桂东南、粤西情形相似。客家乡亲踊跃参加"朱毛红军"，从多方面支持革命战争，仅兴国一县参加红军的客家子弟就有5.5万人。红军队伍迅速壮大，组成红一方面军，朱德任总司令，他和毛泽东一起，指挥红军取得三次反"围剿"胜利，与周恩来一起指挥第四次反"围剿"，取得重大胜利。由于"左"倾路线的错误，第五次反"围剿"失利，红军被迫长征，湘江战役损失惨重，壮烈牺牲的红军战士中仅宁化县就有客家子弟八千。1935年1月遵义会议上，朱德拥护毛泽东正确主张。抗日战争时期，朱德任八路军总指挥。解放战争时期，朱德任中国人民解放军总司令。中华人民共和国成立后，朱德先后任中共中央副主席、中央人民政府副主席、中共中央军委副主席、国防委员会副主席、全国人民代表大会常务委员会委员长等职，为国防建设、经济建设作出了巨大贡献。

1963年春，是国家三年经济困难时期刚过而从沟底开始爬坡之时，两老同登

↓叠彩山明月峰上的拿云亭（彭强民　摄）

←朱德（左）与徐特立（右）

叠彩山明月峰，抚今忆昔，怎能不格外高兴，以诗唱和呢。董必武曾有诗句赞扬朱德："骨头生若铁般硬，胸次真如海洋宽。要作主人不作客，甘为民仆耻为官。"何等精当啊！

五、叶剑英出入桂林城

叶剑英（1897～1986），广东梅县人，无产阶级革命家、军事家、诗人。早在北伐前夕，他跟随孙中山率领的北伐军入驻桂林城，将近半年。1928年，他赴苏联共产主义劳动大学学习。1930年留学归来，他历任中国工农红军参谋长、闽赣军区司令、福建军区司令和红军学校校长等要职，对红军的建设和井冈山历次反"围剿"作出了贡献，是工农红军缔造者之一。红军长征时，他路过桂北山区。抗日战争时期，他任八路军参谋长，在桂林工作和生活过。新中国成立后，他多次来桂林，留下了动人的诗篇。

1962年3月22日，叶帅从桂林泛舟游阳朔。这时，三年经济困难时期将过，"独立自主，自力更生"方针初见成效。他留下了这样的诗句：

> 春风漓水客舟轻，夹江奇峰列送迎。
> 马跃华山人睇镜，果然佳胜在兴坪。

1973年3月23日，叶帅游七星岩。此前，即1967年1月20日，在军委碰头会上，叶帅拍案痛斥江青、康生、陈伯达等利用毛泽东发动的"文化大革命"，搞乱全国，祸国殃民。经过激烈斗争，他主持制订了中央军委八条命令，经毛泽东批准执行，这对稳定军队和时局，起了重要作用。但林彪、江青一伙却诬蔑为"二月逆流"，叶帅被革职批斗，谭震林被革职送往桂林。1971年9月13日，林彪叛逃事件发生后，叶帅重掌中央军委副主席职务，主持军委工作，竭力稳定军队和时局，支持周恩来、邓小平抵制和纠正"文化大革命"的错误。回想过去北伐前夕在广州保卫孙中山而使其免遭毒手，南昌起义前识破汪精卫的阴谋而使贺龙、叶挺的部队脱离险境，长征路上识破张国焘的阴谋而保证毛泽东和党中央率领红军胜利北上，他感慨万端，写下了寓意深刻的诗句：

> 海洋冲刷山穿洞，石乳冰凝玉塑山。
> 幽窟千年供避难，今游人乐舜尧天。

　　1974年8月17日，叶帅又一次游览漓江。这时，"四人帮"操纵的批林批孔评《水浒》，含沙射影，攻击周恩来，反击"右倾翻案风"则直指邓小平主持制订的"工业十七条"，而桂林的工人们说："能按'工业十七条'办事就好了。"民心、军心、党心所向，日益明显。对此，敏锐的叶帅，定然有所觉察，于是四易其稿，终于改定《阳朔纪游》：

> 乘轮结伴饱观山，右指江头渡半边。
> 万点奇峰千幅画，游踪莫住碧莲间。

　　1976年，周恩来、朱德、毛泽东相继逝世，"四人帮"企图抢班夺权。叶帅耐心说服华国锋，作周密安排，结果不费一枪一弹，便将"四人帮"一网打尽，举国欢腾。他再度当选为中共中央副主席、中华人民共和国人民代表大会常务委员会委员长，力请邓小平出来工作，实行"解放思想，改革开放"的方针大计，推动国家走向富强之路。

　　"游踪莫住碧莲间"一句，不但诗意很美，而且寓意深刻，鼓励同游者去创造更加美好的世界。

六、胡耀邦登临独秀峰

　　胡耀邦（1915～1989），湖南浏阳市西岭（中和乡苍坊村）人。毛泽东在客家聚居地浏阳文家市领导秋收起义时，他便参加革命。红军长征时，他被称为"红小鬼"，路过桂北山区。新中国成立后，他两次到桂林。

第一次，1959年1月，当时他任共青团中央第一书记。他在广西各地考察团的工作后来到桂林。给广西师范学院（今广西师范大学）师生作形势报告之前，他先登独秀峰。在独秀峰下大礼堂作报告时，他第一句话，就是提问："上独秀峰有多少级台阶？"无人回答，他高声说道："有306级！"大家为他细致的工作作风感到惊喜，报以热烈的掌声。来桂林之前，他到岑溪县发现这样一副对联："鼓足干劲生产，放开肚皮吃饭。"觉得不妥，面对浮夸风，要倡导冷静的科学分析精神，实事求是，于是当即修改对联，各联增加二字："继续鼓足干劲生产，准备放开肚皮吃饭。"他的报告生动有趣，告诫人们，要将革命热情与科学精神结合起来，才能攀越文化高峰。

第二次，1984年2月，当时他任中共中央总书记。他视察了改革开放中的桂林市，听取了市委领导的有关汇报，还乘船游览漓江阳朔，陶醉于山水风光。他问及桂林那么多山是否都有名字，外国人有何评价，旅游经济收入如何，陪同人员回答："尼克松来时，他给一个山头起了个名字，叫'金字塔山'，还要我寄一本书

↓独秀峰下大礼堂（林京学　摄）

给他。"又问："你寄了没有？"回答："没有。"胡耀邦说："寄给他一本嘛，你花几毛钱就是了，你寄给他一本书，他总是讲你好呀，这是友谊。美国上层人物如果有50万人讲我们的好话，中美战争就打不起来，台湾回归祖国的阻力就小得多。"在阳朔碧莲峰下，中外游客蜂拥过来，胡耀邦乐意和他们合影留念。大家都觉得他平易近人，见微知著。

七、郭沫若观灵渠，高唱《满江红》

郭沫若（1892～1978），四川乐山人，中国杰出的作家、诗人、历史学家、社会活动家，曾两次到桂林。

第一次，1938年。当时国共合作为基础的抗日民族统一战线形成，郭沫若在武汉担任国民政府军事委员会政治部第三厅厅长，领导文化界开展抗日救亡工作。10月21日，广州失陷，武汉告急。10月24日，他与周恩来分途撤退，历经六昼夜舟车劳累，到长沙。11月10日，岳州沦陷，长沙危在旦夕，他与周恩来商定分两路向桂林撤退：一路坐火车，一路步行。12月3日清晨，郭沫若到桂林，住乐群社，至27日离桂，共逗留24天。除了组织抗战剧团活动，他还设法让《救亡日报》在桂林复刊，应邀到雁山广西大学演讲，写得《舟游阳朔二首》，第一首是：

> 临流扣楫且高歌，拔地群山奈尔何？
> 白马嘶风奔碧落，青螺负雨压长河。
> 茅台斗酒羡辞醉，宣室丛谈不厌多。
> 暂把烽烟遗物外，兹游我足傲东坡。

由"桂林山水甲天下，阳朔山水甲桂林"激发的抗日救国必胜的豪情，流淌于字里行间，扣人心弦。1943年，在昆明西南联合大学任教的王力教授，前往重庆，郭沫若将此诗书赠王力，王力毕生珍存，以激励爱国情怀。

第二次，1963年3月，他应广西历史学会之邀，再度来桂林，旧地重游，桂林巨变，让他感慨颇多，吟唱也最多，其中有观灵渠，高唱《满江红》：

一九六三年三月二十八日，天气晴明，往兴安观秦始皇帝三十三年史禄所凿灵渠，斩山通道，连接珠江、长江水系，两千余年前有此，诚足与长城南北呼应，同为世界奇观。

北自长城，南来至灵渠岸上，亲眼见秦堤牢固，工程精当。闸水陡门三十六，劈湘铧嘴二千丈。有天平，小大溢洪流，调水量。　湘漓接，通汉壮，将军墓，三人葬[1]。听民间传说，目空君相[2]。史禄开疆难复忆。猪龙作孽忘其妄。说猪龙其实即祖龙[3]，能开创。

原注：

[1]传说史禄开凿灵渠时，初遣工人刘，次遣工人张监修，均未成而被杀；后遣工人李继之，卒成而自杀，盖不忍掠前人之功也。今江岸有三将军墓，"将军"称号殆后人之封赠云。

[2]"民间传说"中，只提刘、张、李三工人，而不及秦始皇及史禄，故云"目空君相"。

[3]传说修灵渠堤岸时，有一猪婆龙作怪，旋修旋圮，一夕，由四川峨眉山上飞来一巨石，将猪婆龙镇压住，堤始修成。今飞来石犹在堤上，此事荒诞不经，不足置信。所谓猪婆龙者，盖由"祖龙"讹传而来，"祖龙"即秦始皇的异称。

这首《满江红》写得很特别，前有小序，后有注释，艺术性、思想性、科学性融为一体，启人心智，陶冶性灵，堪称佳构。

南有灵渠，北有长城，确为世界奇观。更奇的是，灵渠连通珠江、长江水系之后，秦汉时期客家人便开始从中原南迁，东晋以后陆续大举南迁，沿珠江水系走向南海之滨，乃至漂洋过海走全球，其中就有史禄的后裔。江西丰城《揭氏族谱》载：史禄秦监转饷，禄孙焕食爵豫章，曾孙定，后元己卯（公元前162年）十一月十六日子时生，"史定为史焕之长子，因平定两越有功，诏封安道侯，世袭揭阳令。相传史定因平叛有功，汉武帝要嘉奖他，他却婉言谢绝，只奏请汉武帝为他赐姓改名，汉武帝不解，问其原因，史定答：史和死、矢（屎）谐音，既难听，又不吉利。"汉武帝见他在揭阳县任职，作战又多谋勇猛，遂下诏为其赐姓"揭"，改名"猛"。博白、廉江、高州《揭氏族谱·源流概况》载："自史定被汉武帝封为安道侯，赐姓揭，赐名猛之后，揭氏以此而定，后代代相传。"19世纪，两广客家人在新加坡创建的"三和会馆"，便有高州揭志松参加创建，由此可见一斑。

当时任中国科学院院长的郭沫若，对人才培养、科教发展非常重视。他走进王城，考察广西师范学院（今师范大学）校园时，应邀作长篇题词，给全校师生以巨大鼓舞，其中有两句是"经师易遇人师难，做到人师要红专"。

八、王力为桂林山水著长联

王力（1900～1986），字了一，广西博白县人，中国现代语言学的奠基人之一，杰出的语言学家、教育家、诗人、诗论家、散文家、翻译家，多次到桂林。

1938年，他应邀到桂林广西大学任教。1937年10月，清华、北大、南开三所大学在长沙组成临时联合大学，原为清华大学教授的王力，任联合大学中文系教授，同年12月南京沦陷，长沙告急，联合大学决定迁往昆明，预计于1938年秋复课。这时，广西建设研究会常务委员李任仁特地派人到长沙邀请王力来广西大学任教。当时广西大学本部及文法学院由雁山迁入市区李子园，民主人士白鹏飞任校长兼院长。王力在文法学院担任文史地专修科主任之职，任期从1938年2月起，一个学期，他边教学，边写论著《中国现代语法》，最后成书于昆明。1938年暑假，他携妻离桂赴昆明，在西南联合大学任教。

1963年秋，他应广西师范学院（今广西师范大学）之邀请，从北京大学到桂林讲学，为期一个月，中文系师生和广西各高校、教育局有关人士都来听讲古代汉语的学习与研究、作文批改、中学语文教学、唐代诗歌和《陈情表》解读等专题，传道解惑，谆谆善导，听众受益匪浅。讲学之余，他写下《游芦笛岩》：

> 喜从地下得天宫，洞府幽深曲径通。
> 玉似雕楹资鬼斧，碧文圆顶见神工。
> 天教名胜装新国，地以灵奇饷健翁。
> 山洞莫嗟人境热，披襟犹可把雄风。

这一大气磅礴的瑰丽诗篇见报后，大家争相传诵，争相游览芦笛岩。

1982年，王力重游桂林。桂林市园林局请王力为叠彩山风景点题联。王力的题联是：

> 过五岭近月牙，秀水花桥绕秋色；
> 傍七星邻象鼻，层峦叠彩占春光。

桂林市园林局将王力这副对联刻板悬挂于叠彩亭，面向山门。巧得很，叠彩山清风洞口望江楼木刻楹联，正是王力长子秦似的题联：

登临爽气此间生，且喜江山多丽色；

回首屐痕何处是，唯留天地一奇观。

山前山后，父子对联，相映生辉，装点江山。

1984年，桂林七星公园内月牙楼修葺一新。桂林市园林局请王力写一副长联，装点小广寒楼。清代孙髯翁为云南昆明大观楼所作的长联，闻名于世；也许前人有开先河的长联名作，王力不轻易下笔。后经园林局一再函请，并派人到北京催稿，王力才欣然命笔：

甲天下名不虚传，奇似黄山，幽如青岛，雅同赤壁，佳拟紫金，高若鹫峰，穆方牯岭，妙逾雁荡，古比虎丘，激动着倜傥豪情，志奋鲲鹏，思存霄汉，目空培塿，胸涤尘埃，心旷神怡消块垒；

冠寰球人皆向往，振衣独秀，探隐七星，寄傲伏波，放歌叠彩，泛舟象鼻，品茗月牙，赏雨花桥，赋诗芦笛，引起了联翩遐想，农甘陇亩，士乐缥缃，工展宏图，商操胜算，河清海宴庆升平。

新华社于1984年10月2日报道了这副长联，获得众多读者赞赏。南开大学老教授张开清，是当年昆明西南联大学生，曾听王力先生讲解大观楼长联，认为"孙联是绝唱，叹为观止"。如今看到王力先生的桂林长联，即致信王力先生说："今天拜读您这副138字长联，不但在形式上超过孙联，而且思想内容意境，更是孙联所望尘莫及。孙联的地理限于一隅，景物则满目苍凉；您的长联指点中华锦秀河山，更激发人爱国热情。孙联的历史所述'俱往矣'偏多衰颓，您的长联'数风流人物还看今朝'，而且正是眼前中华振兴万众欢腾的景象。学生抚今追昔，击节赞赏，兴奋之至。"这可说出了众多读者的心里话。

值得提及的是，王力先生的这副桂林长联，构思得很巧妙：有比较以显示特色，而又力戒褒贬，纵情展现中华锦秀河山。各有其美，集为大美，全球向往，世界同美。

中国的山水自然美的欣赏，以颜延之对独秀峰赞赏的诗句为标志，已有一千多年的历史，比西方早得多。王力先生的桂林长联，在世界山水审美文化史上，是一座丰碑！

九、秦似在桂林文化城的传承创新

秦似，原名王缉和（1917～1986），广西博白人，杰出的作家、教授，两进两出桂林城，文化上传承创新，业绩辉煌。

第一次进出桂林文化城，是1940～1944年。1940年2月，身居贵县抗战书报供应社的秦似，给桂林《救亡日报》投寄杂文稿《作家二例——谈佛列达屋地利与赛珍珠》，三天后由该报副刊《文化岗位》发表，并发出启事，请作者来见面。

《救亡日报》原是抗战时期上海文化界救亡协会的机关报。上海沦陷后，在广州复刊。广州沦陷后，1939年1月10日在桂林复刊，郭沫若任社长，夏衍任总编、主编，副主编是廖沫沙。司马文森、邵荃麟、林林、加因等主管副刊《文化岗位》。大家传阅了秦似的文章，都感到惊奇，文章很好，似老作家写的，但作者姓名很陌生。当秦似出现在《救亡日报》社时，夏衍感到非常惊喜，那么老辣犀利的杂文，竟出自22岁的青年之手，于是便将秦似留在桂林。从此，秦似弃理从文，步入文坛。原来，秦似在办书店时，就读过《鲁迅全集》、毛泽东《论持久战》等，学习鲁迅的战斗精神和杂文笔法，并立志发扬光大。而当时的桂林，名家云集，报社、杂志社、出版社和书店云集，仅出版社就有160多家，这名副其实的文化城，为秦似提供了很好的学习与战斗的环境。在这四年中，他除了继续给《救亡日报》供稿，便是与夏衍、宋云彬、聂绀弩、孟超一起创办专刊杂文的《野草》，参加筹办"西南剧展"并成为"十人评议团"成员之一，创办《文学译报》，并有译著《人鼠之间》等四部，硕果累累，他也成了桂林抗战文化城的耀眼新星。

第二次进出桂林文化城，是1959～1973年。秦似任广西师院（今师大）中文系主任，兼古典文学教研室主任。此前，他回博白参加桂东南起义，在香港复刊《野草》，到南宁成功地改编了桂剧《西厢记》、《秋江》，成了新中国成立后广西戏剧改革的主将。在桂林教学之余，继续写杂文，是个多产的专栏作家。他开始写游记，写游漓江的《碧水奇峰九十里》和写游芦笛岩的《桂林新洞记》，轰动一时。跟随他父亲王力先生从事古代汉语音韵研究，即使"文化大革命"期间遭到冲击也不停止研究的步伐，这为他后来奉周恩来总理之命，成功地主持修订《辞源》和独著《现代诗韵》出版，打下扎实的基础。诗词创作，一发不可收拾，为读者所喜爱，如他于1963年5月写的《满江红·和郭沫若同志游桂林七星岩原韵》：

放眼群山，望都似，豪情飞逸。雄拔处，别开生面，应殊太乙。妙在涵虚多意境，十分造化钟其七。待诗人彩笔写芬华，描英质。　　鬼神斧，凿难出；人民力，开幽。世轰传芦笛，名副其实。白雪凝脂铺满地，琼瑶一洞春山谧。问南来几度赋名篇？袁肠溢。

附录郭沫若《满江红·七星岩》：

万象森罗，舞台上，群仙奔逸。与芦笛，悬殊大小，难分甲乙。地上洞天今有二，天星坠地居然七。廿四年，旧地又重游，惊变质。 乾坤改，太阳出。群鬼遁，阴霾。问谁疑跃进歌声非实？电线穿崖光灿烂，云梯绿壁途安谧。看红灯，天半照天门，何洋溢。

1973年4月，秦似到南宁广西大学中文系任教，但常来桂林。他的科研、创作，多与桂林相关，可从厚重的《秦似杂文集》和多卷本《秦似文集》，看得很分明。可以说，桂林文化城为秦似提供了智慧奔涌的舞台，而他学习鲁迅，坚持正确方向的自觉战斗，在文化传承创新过程所取得的辉煌业绩，亦为桂林文化城增光。

十、李光耀遍游世界赞桂林

李光耀（1923~   ），1959年至1990年担任新加坡政府总理，祖籍中国广东省大埔县党溪乡，自曾祖父辈移居南洋。新加坡客家"茶阳（大埔）会馆"专柜展览他的事迹，广西师范大学出版社出版的《新加坡客家》载有他的生平简介。

1975年，桂林对外开放。1976年5月20日，李光耀和夫人乘专机从无锡飞抵桂林参观访问。中午抵桂，稍事休息，李光耀一行即前往有"大自然艺术馆"之称的芦笛岩，观赏奇幻多姿的美景。接着，又驱车前往七星公园，观赏七星岩洞内的另一番奇景。第二天，李光耀一行乘船游漓江阳朔，一路上忙个不停地拍摄迷人的风光，他兴奋地对陪同人员说："我跑了60多个国家，如西欧、北欧，那里的风景还可以，但也没有这样好。我准备了许多胶卷来拍照，饭可以不吃，拍照要紧。"山水甲天下的桂林，确实是秀色可餐。

客家人遍布五大洲100多个国家和地区，多从底层奋起，进入社会上层，成为各个领域的领军人物，乃至成为某些国家的领袖，李光耀、吴耐温、他信、英拉、丘成桐等，便是如此。他们扎根异国，心系中华，此乃世界移民史上一大奇观，堪与桂林山水比美。

第八章

深深客家情：桂林客家组织机构

一、广西师范大学客家研究院

广西师范大学曾经于20世纪90年代成立了客家文化研究小组，在研究和传授客家文化工作中做了大量有益的工作。2004年6月13日，广西师范大学客家文化研究所宣告成立，挂靠广西师范大学出版社，由出版社党委书记兼副社长王建周教授任所长，老教授钟文典任名誉所长与客家文化丛书总主编，熊守清、彭会资任副所长，余鑫晖任总编室主任，还有几位中青年专家教授任职，科研、编辑、出版"成一条龙"，致力于将桂林打造成客家文化研究重镇。

2010年9月14日，广西师范大学客家文化研究所升格为广西师范大学客家研究

←广西师范大学客家文化研究所（何海龙 摄）

←广西人文社会科学发展研究中心·广西师范大学客家研究院（宋富强 摄）

院，挂靠在广西人文社会科学发展研究中心，地址在广西师范大学育才校区图书馆内。为进一步开展研究和了解广西客家文化，沟通全国乃至全球客家人的生存和发展信息，促进客家文化的进步发展等皆具有重要的推进作用。

广西师范大学客家研究院依托于广西师范大学出版社，自2004年以来，研究院在广西师范大学和出版社的大力支持下，精心谋划，积极拓展，在科研创新、编辑出版、国际交流、地区合作等方面都取得了丰硕的成果，并形成了学术研究与出版资源紧密结合、地域视点与国际视角紧密结合的鲜明特点，有力地促进了国际客家学的发展，引起各界人士的关注。

2004年广西师范大学客家文化研究所成立之后不久，即邀请五省（区）主编、主撰来参加"客家文化丛书"编撰座谈会，得到与会人员的热烈响应与积极支持。会后研究所采取"走出去"与"请进来"的方式，继续组织书稿，如王建周、余鑫晖、熊守清等到东南亚各国走访客家社团和研究机构，将《泰国客家》、《马来西亚客家》、《美国客家》、《巴西客家》、《澳大利亚客家》、《海南客家》、《台湾客家》等的作者邀到桂林来。头一批新书的首发式，就在2005年10月成都世界客属第20届恳亲大会暨"移民与客家文化"国际学术研讨会期间举行，海内外专家学者与读者都称赞丛书"放眼世界，鼓舞人心"。

目前，广西师大出版社已出版的客家区域文化丛书有《广西客家》、《香港客家》、《福建客家》、《四川客家》、《江西客家》、《湖南客家》、《海南客家》、《博白客家》、《新加坡客家》、《澳大利亚客家》等；客家著名人物丛书有《罗尔纲传》、《江应樑传》等；客家文化综论丛书有《观澜溯源话客家》、《广西客家研究综论》第一辑、《客家文化与产业发展研究》等；还有国际学术研讨会论文集《移民与客家文化》等，即将出版的书有《台湾客家》、《广东客家》等，这些丛书由钟文典任总主编，余鑫晖、熊守清、彭会资等老教授和海内外的中青年专家学者紧密配合。已经出版和即将出版的著作，全方位、多侧面、多层次地展现海内外的客家风貌与开拓进取精神。

↑ 客家区域文化丛书（刘宪标 摄）

↑ 客家文化综论丛书及客家著名人物丛书（陈子锋 摄）

　　广西师范大学客家研究院有一支难得的学术研究团队。1992年，在桂林举行的客家历史文化国际学术研讨会上，我校历史系熊守清教授、中文系彭会资教授参加交流。为迎接这次研讨会，时任历史系主任的潘香华教授组织调查组，对广西境内各地的客家文化进行调查研究。著名的太平天国史专家、年逾古稀的历史系教授钟文典先生，也不辞劳苦，亲自参加调查。调查组取得了丰硕的成果，也培养了人才。1995年9月，桂林海外客家联谊会成立，王建周任会长，历史系讲师王禄平任秘书长，潘香华任客家学术研究会主任，副主任为熊守清、彭会资，组织编印了《客家研究文集》。

　　2004年广西师范大学客家文化研究所成立后，得到了更多学者的支持和参与。该所现有专职研究人员8人，校内兼职研究人员12人，特聘研究员包括中国大陆、港澳台地区及海外的著名客家学者10人，其中，高级职称27人，中级职称3人，具有博士学位12人。在以上人员为主干的基础上，研究队伍迅速扩大，已发展成由本校教师、研究生、校外专家组成的多梯次研究队伍。有这样一支难得的学术团体参加客家文化研究所的工作，加上学校各级领导和科研处高度信任并大力支持，客家文化研究取得丰硕成果：其中钟文典教授所著《广西客家》、王建周教授主编《客家文化与产业发展研究》、刘道超教授所著《信仰与秩序——广西客家民间信仰研

↑广西师范大学客家研究院团队（陈雄章 供）

↑ 客家研究院院长王建周教授在台湾作学术报告

↑ 客家研究院副院长彭会资教授在"2011族群·历史与文化亚洲联合论坛"上发言

究》、《北海客家》等著作，代表了广西师范大学客家研究院的实力和特色。

　　广西师范大学客家研究院多年来积极促进海内外各地客家文化交流，多次参加、组织国内外客家文化交流学术研讨会。经申办，2011年世界客属第24届恳亲大会与国际客家学研讨会将在北海市举行，这将有力地推动中国与东盟的合作发展，

↑2011年11月2日，广西客家研究院副院长刘道超教授在台湾大仁科技大学讲学后与该校董事长黄国庆等合影。左一为台湾联合大学客家研究学院副研究员刘焕云博士，左二为黄国庆董事长，右二为大仁科技大学客家研究中心主任邱春美博士，右一为刘道超教授太太练必荣女士

促进以北部湾经济区为龙头的广西经济的腾飞。会前，客家研究院将陆续出版《广西客家（修订版）》、《北海客家》、《陆川客家》、《柳州客家》、《桂林客家》、《贺州客家》和《秦似传》等，并对广西的客家杰出代表人物做相对集中的展示。同时，将在学术会议承办上承担较多工作甚至主要工作。

此外，广西师范大学客家研究院还将科研与教学相结合，采取了以科研课题带动研究生的培养、引导本科生对客家文化研究的浓厚兴趣等做法，扶植后起之秀，还成立了大学生客家文化研究会。熊守清、彭会资等老教授等先后开设专题讲座，研究会的成员们听了校内和海外专家学者的讲学以后，除了阅读客家文献，还利用寒暑假做田野调查，写作调查报告或论文，从调查提纲拟定到形成文章，都得到老教授的指导，进步很快。

面向国内外招收硕士研究生是广西师范大学客家研究院目前的构想，这个构想不久会变成现实。客家研究院将进一步立足广西，面向全世界，在海内外专家学者的鼎力相助下，成为致力于广西客家文化研究及海内外客家文化研究的重镇。

↑ 桂林海外客家联谊会（何海龙 摄）

二、桂林客家海外联谊会

桂林客家海外联谊会成立于1995年，会址设在桂林市中华路36号广西师范大学出版社。1995年桂林客家海外联谊会理事大会选举王建周同志为会长，罗标元同志为常务副会长，张玉英等18位同志为副会长，聘请刘景祝、黄婉秋为名誉会长，著名教授钟文典等20多位同志为顾问，联谊会还建立了秘书处、对外联络部、经济开发部、客家学术研究会等下属机构。

桂林客家海外联谊会凸显"客家人"三个字，其宗旨是以亲缘、地缘、血缘、业缘和文化缘为特征的乡谊亲情为纽带，充分发挥桥梁作用，积极配合政府部门推荐投资项目，开展招商引资、扶贫、助学工作，构筑桂林与客家世界来往交流的"桥梁"，搭建经贸和文化活动的"平台"。桂林客家海外联谊会还注重加强与广西客家县、省外客家地区的协作联系，为桂林乃至整个广西的经济文化腾飞作出贡献。

↑桂林客家商会领导班子成员合影

三、桂林客家商会

为进一步传承客家文化，彰显客家人的精神，展示客家人的风采，拓展交流平台，凝聚客家人的力量，促进客家籍企业及其他企业的交流联系，优势互补，合作共赢，由在桂林投资创业的客家籍企业家以及社会名流谢庆奎、宋瑞昆、东方舟、王怡财、李伟文、谢庆均、廉永铭、王建周、林秀文、袁湘南等人牵头，于2011年6月20日经桂林市民政局依法批准登记成立桂林客家商会。会长由桂林帝和置业投资有限公司董事长宋瑞昆担任。

桂林客家商会将以会员需求为导向，整合各种资源，打造各种平台，坚持以"弘扬传统，相互扶持，以强助弱，携手共进"为宗旨，以"培养一流商人，共建一流企业，创造一流效益，打造一流商会"为发展目标，凝聚智慧与力量，通过内引外联，加快提升会员企业的形象和实力，为桂林市跨越式发展，为社会和谐发展作出更大的贡献！

↑荔浦县客家文化研究会成立大会合影（李泽军　供）

四、荔浦县客家文化研究会

　　荔浦县客家文化研究会于2008年6月21日召开第一次会员代表大会宣告成立，选举产生第一届理事会和监事会：李敏道先生为会长，李福亮先生为副会长，李泽军先生为秘书长（法定代表人），李旭峰先生为监事会主任，李世琛先生、李裕球先生为副主任，办公地址设在荔浦县桥富工业区9号桂林俏天下家居用品有限公司办公大楼。

　　荔浦县客家文化研究会成立后，与县内外客家人保持联系、沟通，并不定期出版《荔浦县客家文化研究会简报》，在荔浦县委、县政府、县委宣传部、县委统战部、县民政局、县文联、县社科联等各级领导的关心、支持下，在广大会员的积极努力下，会务工作进展顺利。如2008年10月，秘书长李泽军先生委托客家乡贤李玉霖先生代表荔浦县客家文化研究会参加在西安召开的"世界客属第22届恳亲大会"，大会期间，向部分代表赠送了《荔浦县客家文化研究会简报》和李泽军先生主编的《李氏家族》。2009年10月，在荔浦县山歌学会换届选举中，荔浦县客家文化研究会秘书长李泽军先生被聘为名誉会长，担当起指导客家山歌的发掘与传承。

　　荔浦县客家文化研究会宗旨是遵守宪法、法律、法规和国家的政策，遵守社会道德风尚；通过多渠道、多层次的客家文化交流活动，凝聚客家亲情，增进乡谊友情；开展对客家历史、文化、经济等方面的研究，弘扬客家文化，发扬客家传统。该研究会将一如既往地为发展荔浦县经济和旅游事业服务，为促进荔浦县早日全面跨入小康社会而努力。

后　记

　　为了迎接今年12月在北海市召开的世界客属第24届恳亲大会暨国际学术研讨会，广西师范大学出版社和客家研究院决定推出一批客家研究系列丛书，本书便是其中之一。

　　自古以来，桂林就是一个非常神奇的地方。它不仅山清水秀、洞奇石美，而且历史悠久，文化底蕴十分丰厚。早在三万年前，就有古人在这块美丽的土地上繁衍生息。桂林位于都庞、越城二岭之南，是中原进入岭南的一条重要通道，是广西北部交通便利的地区，为沟通南北、交流四方发挥了重要作用。为此，自唐宋以来，桂林便成为广西的政治、军事、文化中心。

　　早在唐宋时期，有一些客家先民迁入桂林地区。到了明代，人数逐渐增加，特别是清代乾隆、嘉庆、同治年间，达到高潮。这些来自江西、广东、福建、湖南等地的客家人，与当地的壮、瑶、侗、苗等少数民族，以及汉族其他民系，如桂柳系、平话系、广府系等相互尊重，融洽相处，共同开发，为桂林地区的经济和文化发展，作出了重要贡献。

　　为了真实反映这些居住在"山水甲天下"的桂林客家人历史、经济、文化面貌，完成这项编写工作，2010年10月，广西师范大学客家研究院院长王建周教授亲自挂帅，副院长熊守清教授具体操办，邀请广西师范大学历史文化与旅游学院、桂林旅游高等专科学校的四位年轻博士、副教授加盟，组成了一个编写组。我们除了日常担负繁重的教学工作之外，还有校内外的重要科研项目，但我们利用课余和节假日时间，带领一些研究生到桂林市属各县进行实地考察，田野调查。经过10个月的努力，终于依期完成任务。

　　《桂林客家》撰稿人如下：

　　何海龙负责"桂林客家源流"、"桂林客家的宗族文化"；徐毅负责"桂林客家经济"；李天雪负责"桂林客家的文化风俗"；朱江勇负责"桂林客家人的文艺娱乐"，并负责全书的统稿，以及对部分章节进行调整和补充；熊守清负责"桂林客家名人"、"后记"；彭会资、彭强民负责"客家名人与桂林"；　王建周总策划，并负责"桂林客家组织机构"及全书定稿。同时，广西师范大学历史文化与旅游学院的研究生宋富强、万里鹏、田苗苗、刘洋、莫祖波和文学院的研究生钟慧琳，以及法学院的学生刘英等，协助我们做了不少工作。其中莫祖波、宋富强、钟慧琳还参与部分书稿的撰写工作。另外，荔浦县客家文化研究会李泽军秘书长和龙胜县中学的温忠德老师，非常热情支持我们的工作，专门为我们召开座谈会，并复制了许多族谱、家谱等有关资料送给我们；桂林师范高等专科学校中文系彭强民老师担任了本书大部分章节的摄影工作；广西师范大学客家文化研究院副院长彭会资教授、刘道超教授也对本书提出了很多有益意见。在此谨向他们致以诚挚的感谢！

本书的编撰出版，还得到了桂林圣石投资担保公司副董事长东方舟先生的热情关怀和大力资助，在此一并致以衷心的感谢！

由于编撰者能力和条件所限，加上时间紧任务重，本书难免有粗疏谬误之处，敬请专家和读者指正。

编者

2011年9月